LÉON RIOTOR

LOCARNO
ET LES
ÎLES BORROMÉES

ÉDITIONS PIERRE ROGER

Locarno et les Iles Borromées

COLLECTION " VOYAGES DE JADIS ET D'AUJOURD'HUI "

Voyage de Bougainville autour du monde pendant les années 1766, 1767, 1768 et 1769. Préface et notes de P. DES-LANDRES. Un volume 14 × 19,5 avec planches hors texte.

Voyage du Capitaine Cook dans l'hémisphère austral (1772-1774). Un volume 14×19,5 avec planches et carte.

Voyage du P. Labat en Espagne (1705-1706). Notes de M. HYRVOIX DE LANDOSLE. Un volume 14×19,5 avec planches hors texte.

Le dernier Voilier dans l'océan Pacifique, par René LA BRUYÈRE. Un volume 14 × 19,5 avec planches hors texte.

Les Iles de l'Aventure, par Henri MALO. Un volume 14 × 19,5 avec planches hors texte et carte.

Dans les Sierras de Californie, par J. GONTARD, agrégé de l'Université. Un volume 14 × 19,5 avec planches hors texte.

Autour du Continent latin avec le « Jules-Michelet », par le général MANGIN. Un volume 14 × 19,5 avec planches hors texte et carte.

Mon séjour au Congo français, par Gabrielle M. VASSAL. Un volume 14.× 19,5 avec planches hors texte.

Mon séjour au Tonkin et au Yunnan, par Gabrielle M. VASSAL. Un vol. 14 × 19,5 avec planches hors texte et carte.

De Rio de Janeiro à Mycènes, par J. LECLERCQ. 1 vol. 14 × 19,5 avec planches hors texte et carte.

Sous le ciel de l'Inde, par Fia ÖHMAN, traduit du suédois par P. DESFEUILLES. Un volume 14 × 19,5 avec planches hors texte.

Aux chutes du Zambèze (du Cap au Katanga), par J. LECLERCQ. Un volume 14 × 19,5 avec planches hors texte.

A travers brousse et marais, par le marquis de WAVRIN. Un volume 14 × 19,5 avec planches hors texte.

Un Miroir chinois. A travers la Chine inconnue, par Florence AYSCOUGH, traduit par M. THIÉRY. Un volume 14×19,5 avec planches hors texte et carte.

Extrême-Asie (de Yokohama à Singapore), par F. JOÜON DES LONGRAIS. Un volume 14 × 19,5 avec planches hors texte et carte.

LÉON RIOTOR

Locarno
et les
Iles Borromées

Avec 3 cartes, 8 photogravures hors texte
et 10 dessins par A. Zaccanino

PARIS
ÉDITIONS PIERRE ROGER
54, RUE JACOB, 54
1929

Une Excursion idéologique au lac Majeur

I

Un jour du printemps dernier, je voulus revoir les lacs de la haute Italie, à commencer par le Maggiore et l'Orta.

Je croyais mon esprit saturé d'admiration. Rien n'y pourrait ajouter. Le Jura par Vallorbe, puis Lausanne escarpée se baignant au légendaire Léman, les gorges où le Rhône torrentueux descend de sa Furka natale ; enfin, le tunnel au flanc du Simplon, qui s'allonge, s'allonge...J'avais tant vu que je fermais les yeux pour revoir en moi-même. Enfin, l'ombre s'éclaircit. Brusquement, au jour gris, voici les pentes couvertes de neige qu'escaladent de minuscules maisons aux clignotantes lumières.

Et bientôt sous mes regards s'ouvre une large coupe dans l'échancrure des monts. Des îles riantes s'y prélassent, poétiques esquifs menés par d'invisibles rameurs. Des sommets la dominent, assez sauvages pour me faire goûter à plus de douceur sur cette onde tranquille.

Une voiture amusante, des mules au gai carillon, Arona où réside dans le haut quartier mon correspondant Renzo Boccardi. Un moment officier alpin, il aime à grimper la montagne ; professeur ensuite à l'Institut géographique de Novare, il se plaît dans les cartes, l'histoire et l'épigraphie. Veuf et retraité, il vit dans ces lieux charmants avec sa fille Cecilia.

— Entrez donc, Monsieur, crie-t-il en ôtant cérémonieusement son chapeau.

DE LA FENÊTRE, LA VUE EMBRASSE LE LAC (P. 12).

Je pénètre, une jeune femme brune paraît

— Ma fille Cecilia, ma collaboratrice, sans égale pour la flore des lieux que nous allons parcourir de compagnie.

Des étagères, des cailloux sous des vitrines. Au mur, partout des cartes : l'Ossola, le Maggiore, l'Orta. Je pensai : « Pour un géographe, quelle idéale occupation quand on a les spectacles de la terre devant soi ! ».Puis je pensai encore : « Quelle muse délicieuse il a pour l'aider !... »

Peut-être lut-elle dans mes yeux, car elle sourit avec une grâce triste : « Je sais, Monsieur, que vous êtes venu pour écrire sur notre cher pays. — Je suis venu surtout pour l'admirer. — ...Mon père vous guidera volontiers... Il a beaucoup écrit là-dessus, lui aussi. »

Elle chantait en parlant, dans un français

velouté. — « Vous nous accompagnerez? »
demandai-je.

De la fenêtre, par-dessus les toits plats qui
dévalaient, la vue embrassait le lac. Le soir
blémissait le miroir, un peu rouge sous le
soleil couchant. L'onde passait par mille
teintes, et bientôt, sur la plaque d'acier brun,
flottèrent seuls les reflets de l'astre disparu.
Combien de temps restâmes-nous, face à l'espace, ruminant des pensées? On apercevait
loin, là-bas, par delà les eaux, Pallanza s'illu-
miner sous les mille feux de la richesse. Cet
éclat fugitif rendait plus saisissante l'obscu-
rité des eaux, plus merveilleux le silence du
ciel.

Dès le lendemain, nous commençâmes ce
que j'appellerai mes leçons. Leçons trop
rapides et trop fugitives ! J'écoutais le professeur, je regardais le paysage.

— Une poétique légende, disait cet homme aimable en dépliant une carte sous mes yeux, fait descendre le nom de notre lac, qui est « Verbano », de celui de l'odorante verveine. Son manteau de soie s'étend au pied des Alpes, Pennines et Lépontines. Les moraines et les glaciers nous montreraient successivement cette terre dans les périodes préhistoriques du miocène et du pliocène. Nous nous contenterons d'admirer l'exubérance pompeuse de ses couleurs. Quoique n'ayant pas l'ampleur d'une mer, le Verbano est long de 65 kilomètres ; en plusieurs points il est large de 5. Un de ses golfes au nord-nord-est touche au Tessin, — canton suisse à ne pas confondre avec le fleuve qui coule ici, — nous irons y visiter Locarno de pacifique réputation ; un autre, au sud-sud-est, s'enfonce dans la plaine novaraise, étalant ses collines et ses eaux vertes, occidentales en

Piémont, orientales en Lombardie. Excusez,
Monsieur, ces détails techniques. Son périple
interne mesure 166 kilomètres et révèle dans
ses courbes capricieuses mille séductions
d'une égale beauté : sur la face occidentale,
les festons joyeux des pentes et des jardins,
la sérénité invitant au repos ; sur l'orientale,
la nostalgie des rives silencieuses conduisant
à l'austérité de solitudes ignorées.

Cecilia soupira.

LOCARNO. — Le lac vu du sanctuaire de la Madonna del Sasso.

Cliché Alinari.

II

— Un peu d'histoire maintenant, Monsieur, continua le père. Cette région est l'ancienne Insubria des Latins, la onzième des provinces de Rome, et, de la Rome républicaine ou impériale, elle connut les jours fastes ou néfastes, la guerre punique, les triomphes de Scipion.

Remontons plus haut, aux « prealpi ». La découverte des pilotis d'Arona, d'Angera et de Locarno montre leurs origines lacustres. Plus d'une appellation conserve des racines gauloises ou celtiques, une hérédité linguistique, des traces de cultures variées, et si nous songeons à d'autres souvenances,

Angera, Pallanza, Brissago évoquent des
figures d'Isis, de l'Inde védique, aux côtés de
Vénus, de Cybèle et de Junon. Quoi encore ?
Ce climat doux, ces fontis, ces lacs, ces vallées n'ont-ils pas à travers les siècles attiré
les Burgondes descendus par le Valais, après
la chute de l'empire d'Occident, les Goths
avec Vitigès, les Grecs avec Narsès, les Lombards avec Alboin ?

Une alternative sanglante de dominations
cruelles laisse émerger des figures, de singu-
liers fantômes qui errent sur les eaux,
s'élèvent comme des tours indestructibles,
Charlemagne, Frédéric Barberousse. La paix
de Constance en 1183 n'amène pas la quié-
tude. D'autres pillards accourent, des avidi-
tés déprédatrices s'installent. Vous verrez le
château des Barbavaro et des comtes Ver-
celli, les armoiries des Visconti et des Sforza,
des Rusca et des Orelli.

En rappelant ces légendes héroïques, Renzo a des gestes furieux, avec une épée imaginaire, tandis que Cecilia soupire douloureusement. Il poursuit :

— En 1439, voici les Borromée, et en 1747 le roi de Sardaigne trouvera au Verbano de pacifiques seigneurs. En 1800, le météore napoléonien incendiera notre ciel, et enfin, Monsieur, jusqu'en 1859, la domination autrichienne nous imposera sa lourde empreinte.

Le Verbanaise n'est qu'un immense reliquaire, continue mon professeur bénévole. Dans ces bourgades, ces hameaux sertis dans la verdure et l'or des citronniers, je pourrais m'arrêter à chaque pas pour vous expliquer que le site rappelle nos luttes de l'Indépendance contre l'Autriche, que la vallée passa de la domination des Visconti sous celle des Borromée, que la maison à terrasse

ou arcatures, peinte à fresque, sinon enru-
bannée de torsades de pierre sculptée, est du
quinzième, du seizième ou du dix-septième
siècle. Cette répétition vous lasserait. Il fau-
dra donc me pardonner si ma mémoire
faiblit sur ces dates, si ma langue s'égare,
si je franchis en hâte l'histoire des hommes.

— Certes ! interrompis-je, nous n'invento-
rions pas un magasin d'antiquaire. Conten-
tons-nous des grâces poudreuses du passé...

— C'est le visage resplendissant de la terre
qu'il faut aimer, murmura Cecilia.

Le père eut un geste décidé :

— La vie moderne est belle aussi, elle fait
mieux comprendre l'homme. Nous partons ?

Les préparatifs furent rapides. Arona, où
nous sommes, voie romaine sur la plaine
novaraise, s'épaule au mont Saint-Charles.
Elle vit de ses souvenirs, d'une existence fer-
vente et renouvelée, quoique son initiative

hardie s'en échappe chaque jour. Sur la rive, veille encore l'antique citadelle, construite au milieu de 1400 sur les débris d'un château longobard détruit par Philippe della Torre (ce podestat de Novare qu'on dénomme plus communément Torriani), réédifié par Othon Visconti, archevêque de Milan, puis démantelé définitivement en 1358 par Galeazzo II Visconti, autre podestat de Novare.

L'édifice est peu de chose, il faut voir cependant la chambre évocatrice des « trois lacs » qui s'ouvre au vent et au soleil, parce qu'il y naquit en 1534 celui qui, servant à la fois la gloire et les autels, devait arriver à la pourpre cardinalice sous le nom de saint Charles Borromée.

Depuis que Philippe Marie Visconti, dans la première moitié du quatorzième siècle, s'attache cette terre par Vitaliano, confédéré avec le titre de comte d'Arona, le faste et la splendeur de l'illustre maison milanaise l'imprègnent de leur éclat et font de cette petite cité une des premières.

III

Sous la « Rocca », dans la partie haute du pays, s'élève la cathédrale Marie-de-la-Nativité, du quatorzième siècle. Un oculus, sur la porte principale, nous montre un marbre très fouillé, la *Naissance du Christ*. Les trois nefs sont d'un bel équilibre. D'harmonieuses corniches sculptées et dorées soutiennent la tribune. Gaudenzio Ferrari, sur une toile de 1504, anime de son jeune pinceau une suave *Maternité*.

Un modeste édifice flanque la chapelle Beolchi, où un ferronnier poète a entouré de légères volutes de métal encastrées de marbre noir deux fenêtres. Là, se trouvait l'ossuaire. La cour de la maison prévôtale compose un musée issu des fouilles locales, une sphère du quatorzième siècle, blanche sur fond azuré, une Crucifixion grossièrement taillée dans le calcaire, une Madone en pierre, une « lunetta » où huit moines sont dans l'adoration du bienheureux saint Gratien. A ce dernier saint et à trois autres, vénérés d'Arona, est dédiée l'église des Saints-Martyrs, de style baroque.

D'une main d'artiste, Renzo caresse l'aspect de ces figures. Je l'entends murmurer : « Ils savaient prier, ils savaient combattre aussi. »

Dans l'église Saint-Joseph, nous admirâmes encore une tribune en bois, dans l'oratoire des moines de Sainte-Marthe, érigé en 1600 par le pèlerin Tibaldi, une Madone de Piazza.

LA SÉVÉRITÉ DE LA RIVE LOMBARDE (P. 32).

Au faste religieux s'oppose, plus sobre mais plus solide et plus abondant, celui des édifices civils : place du Marché, le palais du Podestat, pierre et briques, ouvre un portique de colonnes octogonales, arcades et médaillons de terre cuite. Sa large façade ornée de sveltes Muses conserve une grâce réelle. A travers le pays, d'autres immeubles de pierre sculptée, enjolivés de fers, rappellent l'ancienne noblesse du lieu. Dans la colline veille, géante de 35 mètres, la gigantesque statue de bronze érigée en 1624 sur les dessins de G. B. Crespi à la mémoire de saint Charles Borromée. Son bras étendu bénit jusqu'à l'arsenal voisin de la compagnie de navigation, le travail des calfats et des mariniers.

Derrière le port, s'ouvre la conque du Tessin, le Verbano devient rivière, le Castelleto, jadis garnison des Visconti, décèle

les lignes d'un château. Dans les terres allu-
vionnaires, Sesto Calendo exhume des sépulcres, des objets guerriers ou laborieux, de
bronze et de fer. Le bourg romain, inféodé
aux Visconti avant de l'être aux Borromée,
exhibe une ample moisson d'armoiries. A
Scozzola, l'église paroissiale montre une
copie de la *Cène*. Peu loin subsistent les
chiches restants de la vieille Badia fondée par
l'évêque de Pavie Liutardo vers 861. Les
psaumes ont fait place aux cantiques de
l'aviation, sur le vol audacieux des nouveaux
aigles.

Au seuil de la berge lombarde, Angera
jouissait du surnom singulier de « Staz-
zona », passage hésitant ; et jusqu'en 855,
tout le Verbano fut proclamé « Lac Statio-
nence ». De ces origines témoignent des
tumuli, deux arcs votifs à Jupiter et Mercure,
et la « Vicomté » sur un abîme où s'amon-

celle la « pierre d'amour » qui a fourni le calcaire rose dont elle est construite. Son enceinte de tours démolies évoque des siècles farouches. Jean Visconti la dresse en 1350 sur les ruines d'un édifice d'Othon. Elle passe vers 1430 aux mains des Borromée qui l'enrichissent. Un premier portail à arc, vétuste, ouvre sur une cour à colonnade enserrée de pampres. Au-dessus, règne un mélange lombard de pierre et briques. Un second portail armorié, majestueux comme s'il énumérait des siècles d'histoire, accède à la « cour de justice » au fond de laquelle la tour châtelaine brave le ciel.

L'intérieur réserve des salles et du mobilier. Dans la plus grande, la « salle d'Othon », des épisodes sanglants entre Visconti et Torriani, sont peints, mouvementés. La lumière, songeuse, filtre à travers les vitraux d'où s'offrent à la vue la ceinture dentelée des monts et le gras reflet de la plaine lombarde. Dans cet îlot de Crivelli, la légende place la mort tragique du diacre Arialdo, obscur héros des luttes religieuses. Aux alentours, des villages, Taino, terre des Serbelloni, Lissanza, Caprono, s'ils comptent peu de logis, ont, en revanche, beaucoup de fleurs.

IV

Traversons le lac. La rive occidentale
s'étale comme un tableau lumineux estompé
de vapeur dorée. Meina éclate de jardins,
montre un balcon en fer ouvré, une madone
à fresque. Derrière la colline de Dagnente
mûrit le raisin, et la villa Faraggiana dresse
en faisceau de verdure et de silence les lignes
de son architecture néo-classique. Surpassant un coude du parapet, Solcio s'égrène
entre les saules et les bambous. Sur le delta
de l'Erno, un vieux *castrum* démantelé, qui
appartint, au quatorzième siècle, au monas-

tère Saint-Sauveur de Pavie, offre ses anfrac-
tuosités aux nids des hirondelles.

Avec ses fruits et ses vignes apparaît Lesa,
ancienne cour de justice féodale du Vergante. La splendeur de cette bourgade
rayonne au front de ses portiques. Le palais
Stampa, du dix-septième siècle, hospitalisa
en 1800 les méditations du poète Manzoni.
Une église du quatorzième siècle sur un éperon du sol érige une tour carrée délabrée,
veuve de son carillonneur. Voyons-y des
toiles des deux Procaccini et de Morazzone.
Quittant Lesa, l'oratoire roman Saint-Georges,
quoique étouffé d'une ample église moderne,
conserve son caractère. Un bas-relief y représente l'archange trucidant le dragon; une
fresque retrace la Crucifixion. Tout auprès
surgit dans les arbres, qui sont la gloire du
lieu, la vivacité d'un campanile aigu. Plus
loin encore, sous une brève colline, sanctifié

BRESCARATE.
Cliché Alinari.

des navigateurs du lac, enveloppé d'ombres
et de palpitations, un oratoire lombard rappelle une des plus anciennes créations de
l'art populaire.

Un repli sur Vergante porte le fortin de
la Vicomté de Massino, démantelé en 1538
par Galeazzo Sforza.

Une église lombarde à Saint-Michel cons-
titue un précieux spécimen de cette architecture religieuse fortifiée qui a laissé tant de
traces.

*
* *

Nous allons, sans fatigue, escaladant le
promontoire ensoleillé de la Motte-Rouge,
l'esprit attiré par les coquettes habitations
de Belgirate. Dans l'une d'elles résida Cai-
roli, dépouillée depuis des souvenirs de l'héroïque famille qui se voua à sa patrie dans la
gloire du Risorgimento. Et derrière la déso-

lation de collines appauvries, c'est une fresque imprévue de forêts et de prairies.

A la fête joyeuse de couleurs de Belgirate contraste la sévérité de la rive lombarde, mais c'est une succession de notes en *crescendo* symphonique, de Ispra sylvestre à Airolo bucolique, à Santa Catarina morose et solitaire. Ispra, station romaine de pêcheurs et de chaufourniers, justifie encore aujourd'hui, par la richesse des rives du Quassera, ses pinèdes épaisses et vivantes, son culte au dieu Pan.

Une brève péninsule, la rive s'incurve, et dans l'eau calme sourit la maison d'Airolo chantée par Annibal Butti : « Dans les fluides paroles — que scande le lac, — la rythmique stance, — d'une onde pure... » Puis, tout à coup, c'est la falaise abrupte du « sasso » où s'accroche le balcon du sanctuaire de Sainte-Catherine. On y sent palpiter la poétique

légende du Bienheureux Albert Besozzi, bri-
gand rapace qui, se brisant un soir d'orage
sur l'écueil, promit à Dieu de se repentir,
devint ermite et mérita la sainteté.

V

Notre aimable guide avait tout prévu. Délaissant les somptueux palaces cosmopolites pour l'auberge du Soleil d'Or, nous passâmes trois jours en ces lieux. Le *padrone* possédait un bateau où les banquettes permettaient de s'étendre. Malgré ses lourdes assises, il se déplaçait sans peine sous une poigne robuste, après la journée finie. Nous prîmes goût à ces promenades nocturnes, flottant au fil de l'eau, les rames aux flancs comme des ailes lasses. A la clarté des étoiles, le padrone, ses rudes mains sur les genoux, contemplait Cecilia endormie dans sa capeline de lainé, Renzo somnolent, moi qui rêvais de France...

Ce soir-là, une brise insensible nous avait poussés devant le Sasso, nous eûmes le spectacle féerique d'un rayon de lune baignant d'un halo le sanctuaire dans la falaise. Le cercle lumineux était d'un dessin si net qu'on l'eût dit tracé au pinceau. Des ombres se penchaient au-dessus de l'abîme. Et, soudain, une voix pure comme un cristal s'éleva dans le silence. C'était une romance en patois piémontais d'une langueur incomparable. Cecilia m'avait saisi, ses doigts crispés brûlaient de fièvre. Dès le lendemain, elle essaya de me traduire ces accents, et voici — qu'on me pardonne — les vers naïfs et boiteux que j'en ai tirés :

> Tout fuit, le temps dans le silence
> Et l'ombre où mon esprit s'élance.
> Et l'amour qui trop a pleuré...

Le « padrone » possédait un bateau (p. 35).

Mais le poète sur la terre
Garde un accent qu'il ne peut taire,
Où tout son cœur est demeuré...

Après la raison, la démence,
L'aurore là-haut recommence,
L'orage étend son arc doré;
Mon cœur avide et solitaire
Voudra brûler sur son cratère
Le dieu qu'il avait adoré.

O vents du ciel ! ô lac immense !
Dispersez loin cette semence,
Ce grain joyeux qui m'a leurré,
Pour que ma muse plus austère
Retrouve au rochér du mystère
Mon beau rêve désemparé...

Nous y revînmes, le jour, nous escaladâmes l'escalier menu. Nous nous penchâmes sur le parapet, nous pénétrâmes dans
l'église. Il y a des fresques, des scènes de la
Danse macabre et aussi de la vie du Bienheureux Alberto et de sainte Catherine. Mais
rien, ici, ne vaut la nature. L'onde profonde
qui bat la roche sous nos pieds scande le

silence du lieu sacré. Les pentes du Vergante et du Mottarone exultent triomphalement dans le ciel, et l'ample golfe Borromée s'étend à droite comme un miroir enchanté où resplendissent les Alpes.

Sentinelle séculaire, le tranquille asile veille sur ces magnificences. Il marque la limite de deux mondes, celui qui s'éloigne vers la plaine où le Verbano devient rivière; celui qui remonte jusqu'aux eaux fougueuses du Tessin. Cette falaise n'est-elle pas le pilastre d'entrée à la plus illustre partie, le bassin fleuri des îles qui en composent le cœur ? — « Chaque année, au printemps, dit Renzo, les pèlerins des cités lointaines accourent au vétuste sanctuaire qui sort d'un silence éternel pour célébrer la beauté du Créateur... »

Cecilia eut alors un regard d'une tristesse infinie.

DEUXIÈME PARTIE

La Coupe des Iles Borromées

I

Longtemps j'ai entendu célébrer ces villes
séduisantes, Laveno, Luino, Pino, sur la rive
lombarde. Et celles non moins riantes sur la
rive piémontaise : Baveno, Stresa, Lesa, face
aux îles Borromées.

Et dans le flanc des monts, le lac d'Orta,
aux villages encadrés d'une somptueuse végé-
tation, surmontés de glaciers étincelants. Ce
furent, dit-on, les séjours préférés de Virgile,
de Pline et de Catulle ; plus près de nous,
Manzoni, Carducci les ont chantées, ces
terres idéales que les baisers du soleil tei-
gnent de vert, de pourpre et d'or.

L'histoire des lieux où l'on vit chaque jour, si aride qu'elle soit en ses énumérations de chiffres et de traités, n'est pas sans charme. Renzo me le prouvait par ses récits colorés, la vivacité de ses périodes, la conclusion philosophique qu'il tirait des moindres faits. Cecilia, suivant un rêve intérieur, le contemplait de ses yeux voilés, entr'ouvrant ses lèvres rouges dans une muette approbation.

Cette jeune femme, belle comme un marbre antique, a parfois un regard désespéré qui m'effraye.

— Ne trouvez-vous pas, crie-t-elle soudain, que la terre a dû terriblement souffrir ? Ces montagnes, ces gouffres, n'est-ce pas ce qui demeure de ses convulsions ?

— Philosophie, réplique son père. Revenons à la science.

Cependant Cecilia ajoutait :

— Ces abîmes, le ciel les a remplis de ses larmes.

La dévisageant en silence, je m'imaginai que toutes les larmes du ciel ne parviendraient pas à combler l'abîme de douleur qu'elle semblait porter en elle.

La paix silencieuse de Sainte-Catherine du Sasso contraste avec l'agitation du « bassin Borromée », où palpite le plaisir des yeux en une variété de tons qui tient du songe : élégiaque à l'Ile des Pêcheurs, pastorale à l'Ile Mère, orgiaque à l'Ile Belle. Je mets ces appellations en français. Le lac qui, sous la falaise du Sasso Ballaro, sera comme scellé d'une cire mystérieuse, devient ici le miroir joyeux qui reflète les sourires du ciel, les nuages vagabonds, nonchalants, les milliers d'embarcations, les touffes d'arbres et les feux des deux reines opposées : Pallanza et Stresa.

Stresa étend au pied du Mottarone ses grâces élégantes. Les mânes d'Alexandre Manzoni et d'Antoine Rosmini y chercheraient en vain le muet asile de leurs doctes conversations. Ce dernier vécut vingt années dans la « villa ducale » du dix-septième siècle, à lui léguée par Anne-Marie Bolangaro; il y mourut en 1854, entre les bras de son ami, l'auteur des *Fiancés*.

Sur la plage sereine de Roddo, face aux îles, le parc Geyer la vêt de fleurs. Des « palaces » lui impriment une physionomie de « ville d'eaux », c'est dommage. Il n'en reste pas moins que, dans la trame du soleil et des songes, c'est une chose unique au monde. Certes, chose moderne, pleine d'élégances cosmopolites, où l'exigence architecturale de l'heure règne sans conteste. N'empêche qu'avec Renzo et Cecilia, nous y découvrirons encore des motifs rustiques, et les

Le lac, au calme soir d'été.

traces d'un cher passé d'art. L'unique et dernier témoignage de ce passé, le « Gisolo »,
vétuste église quattrocentiste à saint Nicolas,
est sur la falaise. Plus récente la Paroissiale,
du dix-septième siècle, nous montrera un
Christ crucifié, par Morazzone, et un portique corinthien ajouté par l'architecte
Zanoïa. La chapelle du collège Rosmini,
hors la ville, hospitalise une Madone de
Francia, des toiles de Barabino et de Hayez,
et aussi le monument tombal sculpté par
Vincent Vela à la mémoire du philosophe.
Bien plus que les séductions de son luxe, le
panorama de Stresa nous éblouit par la grâce
de ses terrasses, l'harmonie de ses couleurs,
la palette de ses jardins.

Le regard, charmé, jamais ne se repose.
Entre les verdures apparaît Gignese, demeure
des peintres Philippe Carcano et Leonard
Bazzaro, qui en ont laissé de délicieux
tableaux. Ce pays inspire vraiment une sa-
voureuse ingénuité. Dans la « paroissiale »,
mes guides s'arrêtent devant une *Déposition*
de Fermo Stella, où le drame divin du Gol-
gotha est d'un intense réalisme.

Voici Levo, autre cassolette florale où nous
entrons tout naturellement dans le couvert
mystique de l'église vouée aux saints Philippe et Jacques. Elle ne date que du dix-hui-

tième siècle; pourtant elle contient quelques restes des temps païens, une vasque lustrale et autres menues choses. Un svelte campanile rappelle la sagesse incorrecte de l'an 1000.

Abondante en couleurs, l'Alpe alterne les prairies et les sombres châtaigneraies sur les pentes raides du Mottarone. C'est le Righi italien, son vaste horizon rivalise avec celui du célèbre mont helvète. Il veille, paternel, sur les délicates excursions et les vertigineux sports d'hiver. Du sommet, le lac étale sa lumineuse splendeur, mariant à l'azur des eaux la verdure des îles Borromées, en une vaste coupe : *Netto come un bacino*, propre comme une perle, traduit Renzo en souriant.

Il entre maintenant dans quelques détails. Avant que la licorne des Borromée eût imposé sa corne héraldique au « verbanese », ces îles étaient de pauvres écueils d'approche difficile et de séjour misérable. Dans sa curieuse *Description de l'Italie*, le jésuite Alberti écrivait vers 1500 : « Ce sont deux petites îles non loin de la rive, habitées par des pêcheurs. » Une des trois, la « madre », avait déjà changé son originelle aspérité en un séjour plus aimable.

Vers 1439, Philippe Marie Visconti, s'inféodant Vitali Borromée, en échange de ses services, lui attribue Arona, Cannobio, Lesa avec tout le Vergante. Les îles qui n'y sont pas comprises paraissent cependant à la noble maison des joyaux désirables. Et quand survient Lancillotto Borromée, gouverneur de l'Ossola au commencement du seizième siècle, il pense corriger son séjour trop âpre d'une oasis de repos au milieu du lac voisin. Il achète de la curie de Novare celle des trois îles dite de Saint-Victor ou des Oliviers. Il y édifie un palais, un jardin, dans lesquels les architectes du temps prodiguent leur imagination en une débauche de styles, de caprices et d'inventions. Et quand Renato succéda à Lancilloto, il ne se contentera pas de la richissime demeure, il l'ornera plus encore, lui donnera son propre nom, qui resta jusqu'au jour où il se transporta dans l'Isola Madre, voisine, réservée à son usage exclusif.

L'Ile « Renata », sous sa parure empanachée de lauriers, de cyprès, de camphriers, d'eucalyptus, devient l' « isola bella ». Cinq terrasses successives, des dômes de branchages, un mélange d'art y rassemblent les pèlerins dédaigneux de recherches philosophiques et de méditations. Ce fut alors une cour fastueuse conviant les princes et les poètes. Et ce fut pis encore quand, en 1711, Charles Borromée, voulant ajouter à l'œuvre de ses aïeux, fit modifier le parc sur les dessins de Gagnola.

L'Isola Madre, à côté de sa triomphante rivale, resta comme endormie dans la solitude, enveloppée de son mystère, tandis que l'*isola bella* continuait d'augmenter sa pyramide fleurie de terrasses et d'escaliers, de balustrades et de fontaines. Pour comprendre le plaisir de cet entassement excessif, je dus me reporter à l'excitation princière qui créa ces splendeurs.

III

— On dit, racontait Renzo, que la première appellation fut « Isabella », du nom
de l'épouse chérie du constructeur, déformée
par l'admiration populaire, quand, au milieu
du dix-septième siècle, un autre Borromée,
Vitaliano, ajoutant encore à l'œuvre de
Cagnola, voulut faire mieux. Le projet avait
une telle ampleur que l'arbitraire fantaisie
seule pouvait le réaliser. La mort de Vitaliano, le goût différent des successeurs, la
surenchère des désirs amenèrent la corrup-
tion de cet idéal. Un « baroque » artificiel
détruisit pour jamais la poétique sérénité

que le décor du Verbano devait suggérer.
Tout cet entassement de sculptures, de balustrades, de coupoles, toute cette superposi-
tion de plans et de masses dans un espace
exigu finirent par excéder, il faut en con-
venir.

*
* *

Le palais est à la pointe septentrionale.
Vitaliano le commence en 1650 et laisse
incomplète la façade vers Pallanza. Un large
escalier y monte, et, dès le vestibule plein
d'armes anciennes, on accède à l'étage supérieur. D'abord, une antichambre ornée de
tableaux (l'*Enlèvement des Sabines*, l'*Entrée
d'Hélène à Troie*, le *Combat de Samson avec
les Philistins*) ; puis une suite de salles
avec des tapisseries représentant des scènes
d'amour et de chasse. Voici des Muses de
marbre, des mobiliers précieux, d'aspects
oubliés, des tentures de damas de soie, des

baldaquins, des ciels de lit, comme si on eût voulu conserver en ces lieux les séductions intimes de ces moments.

Les Borromée surent réunir des œuvres de prix, d'époques et d'auteurs variés. Là ne se retrouve pas tout ce qui est enregistré aux inventaires, et plusieurs attributions trop pompeuses devraient être corrigées d'une plus modeste réalité. Admirons toutefois les toiles authentiques de Paris Bordone et de Luca Giordano, de Daniel Crespi et de Londonio, de Claude Lorrain et de Zuccarelli. Entre les meilleures, *Les saints Jean-Baptiste et Justine* de Butinone, une sereine figure de Christ de Bernard Zenale, quatre portraits dans la manière forte de Boltraffio, un gentilhomme genre Mantegna, une vaste *Transfiguration* de Camille Procaccini, trois peintures en vigoureux clair-obscur de Michel-Ange et du Caravage, et un dessus de porte où Zuccarelli montre la minutie allégorique de l'époque.

Nous examinons surtout une série sylvestre et pastorale du Hollandais Pierre de Mulieribus, mieux connu sous le nom de Tempesta, évocatrice par le sens caché des légendes qui l'accompagnent.

Cette visite fait mieux comprendre que tous les récits la vie de l'île, théâtre de fêtes, de carrousels, de parades navales, parnasse éclectique de littératures. On peut supposer que les romantiques Allemands ont imprimé leur genre irréel, Jean-Paul Richter avec son *Titan*, Gœthe avec *Wilhelm Meister*, donnant le lac à Mignon pour patrie.

Employés, gardiens du palais et des jardins font un fantaisiste mélange d'explications et de personnages. C'est dans l'énumération des visiteurs illustres qu'on peut s'étonner, en entendant amalgamer les noms

LAC
PALLANZA
I. S. Giovanni
I. Madre
ILES
MAJEUR
M. CIMOLCIO
Oltrefiume
Baveno
Molino di Ripa
I. Superiore
BORROMEES
I. Bella
Val del Fosso
Pontenfigo
Romenica
Alpe Vedabbia
Lolta
C.e di Monte
Roncaro
M. ZUCCHERO
Campino
Chignolo Verbano
Alpe Caporate
Someraro
Carciano
Alpe Calma
STRESA
M. CROCE D. TOLA
Levo
M. MOTTARONE
Alpe Mottarone
Binda
Alpe Albero
Vedasco
Passera
Alpe Salta
Brisino
T. Alrola
Parascola
MOTTA VINEJA
Magognino
L.to DEL PAGGIO
D. BARCHETTA
Alpe della Volpe
M. PIAGGIA
Vezzo
M. SCIARRE
Gignese
Stroppino
Echelle
0   500   1000   m. 2000

de l'aventurier Jacques Casanova et de Napoléon, de J.-J. Rousseau, de Dickens, de Taine et de Stendhal, de Tourguéneff ou d'Alexandre Dumas, de Théophile Gautier ou de Flaubert, de Ruskin ou de Turner, dont évidemment reviennent à l'esprit des pages suggestives, en ces lieux où flotte le seizième siècle avec son faste solide et le frémissement de ses armes.

Contre la chapelle sont trois monuments funéraires Renaissance : deux sarcophages, un pour Jean et Vitali Borromée, un autre pour la famille Birago. Le premier est de Jean Amadeo; le guerrier gisant sous un baldaquin soutenu par des génies, sur un socle porté par huit colonnes, est d'un art suprême. Le second, des Birago, est d'Agostino Busti dit le Bambaja. Une intense richesse de style représente des épisodes de la Passion, et, sur l'arche, se dresse la statue

de saint Jean-Baptiste. Un troisième cénotaphe, pour Emile Borromée, est également
d'Amadeo. Une arche soutenue de huit
pilastres porte des scènes de batailles, et, sous
un petit temple, une suave figure de la
Vierge.

IV

Lorsque nous eûmes tout vu, tout parcouru, tout examiné, écouté les explications laudatives des employés, le professeur me regarda en murmurant, un peu anxieux :

— Eh bien ! Monsieur, qu'en pensez-vous ?

Le déjeuner était servi au balcon de l'auberge sur le port. Nous eûmes un de ces vins légers que je préfère au chianti. Nous mangeâmes des poissons du lac. Il paraît qu'il y en a peu, les eaux sont trop froides. Dans la barque, nous fîmes le tour de l'île, cérémonieusement, comme si le patron voulait que je pusse tout mon saoul me gorger de l'admiration qu'il me supposait.

Et de nouveau Renzo m'interrogea :

— Vraiment, Monsieur, que pensez-vous de ce que nous avons vu ?

— Est-ce l'opinion uniforme du touriste, répliquai-je alors, que vous désirez, ou la méditation personnelle du critique ? Ai-je le droit, en ces lieux consacrés, de m'échapper du troupeau ?

— Vous avez tous les droits, Monsieur, affirma le père, surtout celui-là.

Je demeurai un instant silencieux.

— Pauvre, pauvre petit bout de terre, soupirai-je, chargé à crouler de trop de garnitures prétentieuses, d'astragales et de festons indigestes. Cet abus du baroque et du rococo sur ce délicieux endroit est monstrueux et bouffon. Cela prouve qu'un saint, un seigneur, un capitaine peuvent manquer de goût. Adieu la noble simplicité qui devait présider à ces arrangements ! Vous voulez le

Isola Bella. Monument de Giov. Borromée.

LOCARNO.

savoir, Monsieur ? Votre « isola bella » ainsi
costumée semble un manteau d'arlequin dans
une coupe de fleurs.

V

Antithèse : le soleil colore d'une gloire limpide l'eau qui murmure autour de nous, nonchalante. Discrète harmonie de maisons blanches, apparaît dans une trame flottante de filets l'Ile des Pêcheurs. Nous longeons la rive. Dans l'ombre fraîche, d'humbles vies s'agitent, on entend des marteaux sur des planches, au rythme égal des ondes alternant avec le choc des barques. Cette oasis, peu à peu, sous le crépuscule, _fleurit d'étoiles; regagnons la rive. Le lendemain, nous voilà repartis. Le mont Camoscio montre ses entrailles rouges sous le pic sonnant des car-

riers, la rive est parsemée de masses de granit. Quand Baveno paraît à nos yeux, c'est
Flore tout entière qui les emplit avec les jardins, les collines, le parc de la villa Henfrey,
celle qui abrita la reine Victoria d'Angleterre
et Frédéric III, empereur d'Allemagne.

Pays romain, Baveno doit sa renommée au
granit rose qui, des siècles durant, offrit son
calcaire séduisant aux édifices et monuments
du monde. Il a gardé sa physionomie gracieuse de petite cité et, dans ses maisons
vétustes, de pittoresques images de grâce
rustique, des galeries enflammées de giro-
flées et de géraniums, volutes de fer, pana-
ches de cytises. L'église est une lombarde du
onzième siècle, pure, malgré ses restaura-
tions. Dans un style différent, derrière le
pays, la façade vers le mont, voici une autre
en granit polychrome. Le baptistère est un
campanile carré du quinzième siècle. En-

trons. Des peintures sur bois représentent la *Naissance* et l'*Adoration du Christ*, attribuées à Ferrari ou à d'autres artistes de l'école ver- ceillaise.

— Un médecin vous dirait en outre, Monsieur, que Baveno est un centre de villégiature thérapeutique. A la dyspepsie il offre des fontaines digestives, des bains salutaires, une pharmacopée naturelle.

Continuons. Voici les chantiers où, suivant des traditions séculaires, le granit est travaillé. Çà et là, de pauvres logis de pêcheurs ou de mineurs de Feriolo, pays pittoresque qui, à demi détruit en 1867 par un séisme, n'a pas craint de se réédifier au même endroit. De l'estacade en pilotis, les barcasses chargées des riches calcaires s'en vont sous la poussée des vents, jusqu'aux ports ferroviaires les plus prochains.

La rive depuis Feriolo s'incurve, se dilate

dans une plaine où la Toce, descendant de la verte Ossola, joue en méandres et en canaux soupirants.

VI

Dépassons le delta, laissons l'humble Fon-
dotoce, qui, en 1859, leva le premier le signal
de guerre pour l'indépendance, la joyeuse
enfilade des jardins assaille les collines jusqu'à Suna, au pied du Cavandone ensoleillé.
Le village est menu, mais le regard s'y promène délicieusement, du port minuscule où
se balancent des voiles latines à l'église
champêtre Sainte-Lucie et à la perspective
des escaliers de l'oratoire Saint-Fabien. Nous
y admirons une expressive figure de saint
dans un triptyque du quinzième siècle. A
Suna encore, voyons le palais Cioja, siège

du Municipe et de la bibliothèque publique léguée par l'ingénieur Antoine Rossi. Avec son abondance d'escaliers et de portiques, de sculptures, de fresques, de fers ouvrés, l'édifice conserve intacte sa verve originelle. Un minuscule jardin dresse une tourelle fleurie derrière sa grille fantaisiste, une niche de feuillages encadre le geste archaïque d'une divinité païenne.

Sur le front de Suna et la plaine de la Toce domine la solitaire noblesse du mont Orfano. Soulignant le bassin songeur des îles Borromées, le panorama s'éloigne en vaporeuses images sur la rive orientale. Au-dessus s'ouvre le col du Cavandone, et dans de blanches maisons paraît la petite église de la « Madone du Bon Remède ».

La Paroissiale de Suna, loin de la bourgade et du lac, vaut qu'on y aille. En pleine campagne, au pied d'un contrefort boisé du mont

Rosso, elle fut construite au commencement
du quinzième siècle sous l'inspiration de
Bramante et le nom significatif de Notre-
Dame-des-Champs. Parfaite de lignes et d'in-
tentions, sous la séculaire couronne des châtaigniers, elle offre une vision sereine. La
façade principale, sévère en sa pierre fruste
patinée par le temps, encastre un portail de
marbre avec de menues inventions florales,
surmonté dans le tympan d'une fenêtre à
rosace. Au toit, s'ouvre un lanternon octo-
gonal entouré d'agiles colonnettes, renforcé
d'un campanile à sommet quadrangulaire,
ajouré comme une broderie.

L'intérieur comporte trois nefs entre-
colonnées, peintes. Peints aussi sont les
parois de l'abside, le chœur et sa coupole.
Dans celui-ci, un *Triomphe de la Vierge*,
allégorique, admirable de couleurs. Vers les
autels et le baptistère, des toiles des Procac-

cini et de l'école lombarde. Une fontaine baptismale, un écusson de bois sculpté, des fresques ingénues provenant d'un oratoire de Saint-Roch du quatorzième siècle, lequel rappelait la furieuse pestilence de 1344. L'ossuaire voisin voile ses fenêtres d'une grille fantaisiste du seizième siècle dont le style s'allie à celles d'Arona, de Locarno de Miasino, d'Orta et de Baceno, et à de moindres œuvres des ferronniers de la région.

VII

De Suna nous arrivons à Pallanza par une
succession ininterrompue de jardins. C'est le
centre du Verbano, le chaton de ce superbe
ensemble. Terre ancestrale des Celtes, elle
n'a conservé que peu de traces de la domination romaine. C'est une stèle votive dédiée
à Junon, qui semble issue des caves de la
vieille église San Stefano, un marbre équarri
portant la dédicace : *Matronis pro salute Cae-
saris Augusti Germanici Narcissus C. Caesa-
ris,* et sur les faces duquel sont figurés le
sacrifice d'un porc, le sacerdoce avec fro-
ment des adolescents et un pas de danseuses

sacrées. Outre cette œuvre, on trouva au col de Saint-Remy, une variété de pierres et de sépulcres.

A l'encontre de Stresa qui, dans sa nouvelle physionomie, a dénaturé son visage ancien, Pallanza, quoique ayant sacrifié à la richesse des auberges, conserve mieux les aspects d'un noble passé.

De la rive du lac où détonnent un peu le monument neuf à Charles Cadorna, enfant du lieu, et la plastique de la femme pieuse des Morts pour la Patrie, du sculpteur Paul Troubetzkoï, nous montons à la vieille ville. On y retrouvera cet ardent désir de domination qui subsiste à travers les âges de la terre verbanaise, et la rivalité avec sa voisine, la laborieuse Intra. Cette ambition éternelle a fini par laisser des marques : l'histoire ducale de Milan rapporte curieusement qu'un fils de Pallanza, un « Bertolotto » se vanta de pou-

Sentinelle séculaire, ce tranquille asile... (p. 40).

voir couvrir tout le lac de velours pourpre
en signe de domination. François Sforza lui
imposa, en punition de cette fanfaronnade,
de construire à ses frais une des tours du château de Milan. Le « pallanzotto », qui était
en vérité très riche, s'exécuta. Pallanza fut
mêlée aux luttes entre Novarais et Vercel-
liens et passa des mains des Visconti aux
Sforza, enfin aux Borromée.

Maints édifices témoignent encore de ces
luttes. Du seizième siècle le palais Dugnani
Viani dresse son architecture robuste dans la
rue dite la « Ruga ». D'un baroque sobre,
presque correct, avec un portail majestueux,
un large escalier, une loggia svelte, il hospitalise dans ses salles le « Musée » et la « Galerie du paysage », précieuses collections.
Dans le salon d'honneur, avec les portraits
des vicomtes du château d'Invorio, sont abri-
tées les fresques de la maison Viani, du

quinzième siècle, démolié. En d'autres salles, nous trouvons des toiles de Boggiani, de Gignoux, de Grubicy ; de Tominetti, des sculptures, diverses interprétations du fascinant paysage verbanais. Au musée d'histoire locale, une galerie est consacrée aux trois Cadorna : Raphaël, Charles et Louis, une autre à l'iconographie folkloriste. D'autres maisons des quinzième et seizième siècles ne manquent pas ; les palais Viani, Maccia, Erba, Moriggia, Medici, peu altérés du temps ou des hommes.

Au faste laïque, le faste ecclésiastique réplique par des églises. Près du lac, se dresse la cathédrale Saint-Léonard, du quinzième siècle, en simple pierre non équarrie, dominée d'un élégant campanile, copieusement ornée de marbres, fers martelés, boiseries, pupitres et stalles, dans une bonne atmosphère classique. Voisine, la petite église

L'Ile des Pêcheurs.

Cliché Alinari

Saint-Joseph enfonce dans l'azur son clocher gracieux. Plus au centre des vieilles maisons, l'oratoire San Stefano, construit vers 1500 sur les ruines d'un temple païen, conserve dans une niche de son clocher carré, l' « autel » de Junon, mère des dieux, suggestive cohabitation pour les autels du Christ.

Aux alentours de la ville, je continuai de m'imprégner du passé. L'île Saint-Jean, proche la rive, fut le berceau de la vie religieuse. C'est encore une poétique retraite. Le col de la Castagnola, l'antique « Castellazo » qui joua un rôle important, s'élève derrière et déverse vers la voisine Intra une suite ininterrompue de villas agrestes. Une corbeille de verdure enclôt la Maison de la Reconnaissance, offerte par souscription nationale au maréchal Louis Cadorna, un des fils valeureux de la patrie italienne.

A moitié de la Castagnola, avant le chemin

de Saint-Remy, paraît la petite église romane
dédiée à ce saint. Abandonnée, elle devient
une ruine superstitieuse, veillant dans sa
mélancolique disgrâce du haut de son clocher muet. Il est difficile d'imaginer solitude
plus impressionnante. Le vieil oratoire conserve une effigie du saint, de 1523, et une
Vierge à l'enfant que le regard contemple
volontiers. Mais encore plus que les yeux,
l'âme goûte la grave poésie du lieu. Un jardin confine à l'abside couronnée d'une bor-
dure d'agiles arcades de briques. Et bientôt
paraît la demeure des marquis de La Valle di
Casanova, un des joyaux de ces collines.

Le parc, qui reproduit sans les efforts
de l'imitation la Renaissance italienne en
dessins d'une rare élégance, étend du
lac au sommet de la Castagnola l'harmonie de ses terrasses et de ses escaliers,
la grâce immobile de ses nymphes et

le murmure chanteur de ses fontaines.

L'habitation, carrée, solide, revit la Renaissance italienne, non pas copiée, dans une prudente et rigoureuse reconstitution, meubles, étoffes, tableaux, ornements, et surtout le goût élu des seigneurs du lieu. Nous admirons les toiles du Véronese, du Morone, de Lorenzo Lotto; les Madones de la Toscane et de l'Ombrie fondues dans l'or du Quattrocento; un Cima da Conegliano, un Tintoret, Palma le Jeune, Bernard Strozzi, une tablette de Rossellino, une réplique de la *Pieta* de Donatello. Voici encore de riches sculptures en bois, des terres cuites, des coffrets nuptiaux du treizième et du quatorzième siècle ornés des plus passionnants insignes héraldiques, des instruments de musique, des tapisseries et, précieux par-dessus tout, un trône de Strozzi où il doit être délectable de s'asseoir et de régner.

Dehors le silence, la plainte du vent dans les arbres, l'haleine musicale du lac. Longeant la voie qui, sur la côte, conduit à Intra, une autre demeure fastueuse, l'Ermitage, d'architecture sobre, entre les grilles des quinzième et seizième siècles, nous montrera des toiles de Foppa et du Bassan, de Murillo et du Garofalo, un « grenier » de Tiepolo et un portrait empreint de l'hermétique sourire du Vinci, des fers ouvrés, des ivoires, des meubles et des bibelots. Les escaliers ascensionnent de la plage entre des banquettes d'azalées et de lauriers-roses.

A gauche, le lac s'enfonce dans une large poche, s'allonge, s'élargit et transforme en un lointain diaphane le paysage borroméen. Le Sasso del Ferro élève au-dessus de Laveno sa rocheuse majesté; les monts qui couronnent Intra blanchissent près de Cerro le vieux fort autrichien qui couvrit en 1859 les collines ensoleillées de la menace griffue de sa « rapina bicipite ».

Disons adieu à ce cœur du Verbano. Les rives qui fuient au septentrion nous invitent à poursuivre le voyage vers le bassin supérieur, emportant en prestigieux viatique la mémoire des beautés du sol, des ondes et du ciel...

TROISIÈME PARTIE

Le Bateau blanc de Locarno

I

Intra, la plus importante en commerce et
en industrie des cités verbanaises, a inséré
l'audace de son trafic dans la noblesse de ses
origines. Des Leponzii et des Romains voici
des vestiges variés extraits de son sol. Son
nom paraît vers l'an 1000. En 1220, les Novarais s'inféodant l'Intrasca, dresseront un
« castello » au bourg de Saint-Ambroise
contre les incursions des ennemis Vercellesi
et de la voisine Pallanza.

Le nom de Saint-Ambroise disparaît bientôt, aussitôt que la seigneurie des Visconti
s'impose, précédant celle des Borromée vers

1466, conservant toutefois sous chaque domination l'usage de ses propres statuts et la dignité ecclésiastique de son église plébéienne. Aujourd'hui, c'est une cité toute résonnante d'une activité qui se manifeste par cent fabriques occupant six mille ouvriers, le port intérieur le plus vaste d'Italie, ses voies ferrées qui rejoignent les lignes de grand trafic.

— Ah ! Monsieur le Parisien, plaisante Renzo, nous ne sommes pas que des gratteurs de guitare. Nos écoles savantes donnent aussi des mathématiciens et des ingénieurs, et dans les usines d'Intra, la chimie italienne crée sans arrêt.

— Je n'en doute pas, répliquai-je.

Mais Cecilia avait soudain pâli, ses yeux virèrent.

— Père, père, je vous en supplie, balbutia-t-elle.

Dans l'ombre fraîche d'humbles vies... (p. 64).

Il eut un geste triste, murmura :

— Ne songeons pas aux morts, dans ces endroits si débordants de vie. Allons ! Si le rythme moderne produit ici des chapeaux, des toiles, des machines, cette ville industrielle recèle quand même des reliefs d'art. Les ultimes vestiges du treizième siècle ont disparu avec l'Hôpital des Pèlerins de Saint-Antoine, remplacé par de plus modernes constructions. Mais il subsiste des seizième et dix-septième siècles des maisons à portails de granit, des balcons forgés, des escaliers ajourés, des arcades lumineuses, des jardins recueillis.

Sur la place Saint-Roch où chante une fontaine, la maison Muller offre une cour entourée d'une triple loggia; celle du peintre Moretto insère dans les coteaux avec des fers et un harmonieux portail son fronton mafflu. Ailleurs sont à voir le Municipe, les

maisons Benoli, De Lorenzi, une autre Muller
où se trouvent les copieuses collections du
Musée et de la Bibliothèque civique dédiée au
philosophe et poète « intrese » Pierre Ceretti.
Le palais Peretti, d'une fantaisie étrange,
offre des prodiges de ferronnerie, de pierre
sculptée, de polychromie architectonique. Le
Monastère, qui hospitalisa jusqu'en 1807 les
Augustins de l'abbaye de Saint-Antoine, cher
cloître silencieux ! abrite aujourd'hui une
filature de coton où, pour la première fois en
Italie, le Suisse Jean-Jacques Muller fit tour-
ner les fuseaux mécaniques.

Les églises ? La Paroissiale, d'un baroque
solide, dans une situation imposante, possède
des marbres polychromes, des bois taillés,
des parements et étendards, une Madone du
quinzième siècle peinte à fresque sur une des
parois de la chapelle qui précédait celle-ci,
non loin d'un *Baptême de Saint-Jean* par

Daniel Ranzoni. Sainte-Marthe garde un robuste portail de pierre, des vitraux du quinzième siècle, Saint-Roch une suave fresque de la *Vierge à l'enfant*. Resserrée entre deux rivières, Intra s'épanche aux faubourgs de Trobaso où j'admire la façade de l'église Saint-Pierre, d'Antoliva où il y a un oratoire lombard peint à fresques, et d'Arizzano.

Et quelle variété aux alentours ! Vallées Saint-Bernard et Saint-Jean, l'une sévère et boisée, l'autre sereine ; Cargiago avec sa chapelle de la Vierge, Susello ses fresques ; Miozzina, délices de Victor Grubicy et d'Achille Tominetti, ces malicieux démons de la peinture ; Saint-Martin avec ses stalles sculptées ; Cambiasca, fontaine de pierre, accueillantes maisons ; Bieno, qui montre une Vierge peinte, par l'ouverture des colonnades ; Intragna et Cossogno, fidèles gardiennes des coutumes.

Dans la couronne de fraîches collines s'étale à l'aise Premeno, où nous arrivons par un tramway électrique d'un tracé pittoresque. Sous un ciel pur, s'élèvent le dos du Pian Cavallone, le vénérable édifice ruiné du Pizzo Marone, les arêtes pointues de la Zeda et de la Laurasca, supérieures à 2 100 mètres, goûtées des excursionnistes.

LOCARNO.
BRISSAGO.
Cliché Alinari.

II

Dans cette Intrasca, loin des usines et des cheminées, il y a encore des cultures et des vignes, des filles joyeuses qui rient et qui chantent. Nous rencontrons l'une d'elles, une « ragazza » qui mordille un brin de paille, nous suit des yeux, curieuse. Elle porte au dos une hotte, pour l'herbe de ses bêtes qui l'attendent à l'étable.

« Tu te nommes ? » demande Renzo.

Elle hésite un moment, cesse de sucer sa paille, réplique : « Rosina Bertolino. » Puis, avec une révérence moqueuse, saute sur un pied et s'enfuit comme une chèvre.

La route côtoie le lac jusqu'à Ghiffa, à Prina où les jardins étalent leurs magnificences : villa Albertini, villa Poss — qui fut ministre de Napoléon — et, dans l'âpreté du décor à cet endroit, les majestueuses terrasses de la villa Ceriana, dont les eucalyptus superbes ont éveillé le pinceau de Daniel Ranzoni et la jeunesse artistique de Pierre et Paul Troubetzkoï.

Plus sévère et ravinée, la chaîne qui du Sasso del Ferro à Pizzoni continue sur le parapet lombard de l'autre bord, contraste avec la fraîcheur des rives. Nous y trouverons Laveno, dans un golfe bref, entre les pointes de Saint-Michel et du Cerro.

Centre célèbre de Vasari, ce bourg industrieux est lié à l'histoire du Risorgimento. Il fut longtemps port militaire et forteresse des Autrichiens, base de leur surveillance. Contre eux, les volontaires garibaldiens se battirent sur les coteaux de Saint-Michel dans la nuit du 3o mai 185g : un monument aux chasseurs alpins rappelle ce glorieux épisode.

— Je n'ai pas à vous signaler ici de merveilles d'art, à part cette maison du seizième siècle et la sobre perspective de l'église, mais est-il plus altier monument que ce Sasso del Ferro qui dresse à plus de 1 ooo mètres son front sourcilleux sur un lumineux horizon où se profile dans un triomphe d'azur et de clarté la lointaine majesté du mont Rose? Cette vallée qui s'épaule contre Laveno nous conduirait à un autre lac alpestre arrondi et peu profond, celui de Varese. Cette nouvelle zone de paysages amènes et variés, d'un intense mouvement touristique, le « vare-sotto » établit un accès direct entre la plaine milanaise et le milieu du lac Majeur.

Nous retournant vers la rive piémontaise,

à quelques kilomètres au nord d'Intra, nous saluerons le Monument aux Morts qu'y dressa le ciseau expressif de Giannino Castiglioni. Les collines parsemées de villas balancent dans une gamme vivace d'ombre et de soleil leurs oasis de songe et de repos. Et plus haut s'élance le fronton hardi du château de Frino, demeure somptueuse des Moriggia, construite alors qu'un cardinal honorait cette maison, émule des Borromée en abondance et en puissance.

Intéressante est encore à Frino une humaine *Nativité* à fresque, de Daniel Ranzoni, dans une « lunette » de l'église. Puis, en suivant la corniche qui se déroule au long du lac, nous apparaissent les maisons de Saint-Maurice de la Côte, groupées autour d'un gracieux clocheton du quinzième siècle (son église nous montre une *Vierge à l'enfant* du seizième). Et sur l'éperon de Ronco qui s'élève à 4oo mètres dans les châtaigneraies, l'oratoire de la Trinité, asile de méditations décoré de peintures de la même époque.

Dans ces collines s'érige la falaise calcaire de Caldé que dominent les murs de l'antique citadelle des marquis d'Ivrea. A ses pieds, fument les fours à chaux. Jadis, en ces lieux, les Romains fondaient des métaux. Dans les lentes volutes des fumées se sont évaporés les rêves orgueilleux des marquis Adalberto et Guitone qui, avant l'an 1ooo, tinrent tête à l'empereur Othon.

III

Après Ghiffa, sur la rive piémontaise, les
habitations souriantes d'Oggebio sont la res-
source du mont Piancompra. Plus loin, —
dans la localité dénommée Barbé, — apparaît entre les arbres la villa d'Azeglio, chère
aux contemplations et aux méditations de
Maxime. Dans l'existence riche d'idéalisme,
mais nourrie d'expérience, d'un homme offi-
ciel, peintre, romancier, diplomate, ministre
de son pays aux heures graves, patriote,
téméraire toujours, il venait se reposer ici,
y écrivant ses *Souvenirs* qui constituent une
des autobiographies les plus dramatiques et

les plus savoureuses de l'Italie au dix-huitième siècle.

Dans la « paroissiale » d'Oggebio, voici des
fresques d'art toscan de 1500, sans qualités
particulières; dans Sainte-Agathe de Nova-
glio, voisine, édifice en partie détruit, j'ai
noté cependant une chaire d'allure romane
et un portrait à demi effacé de la sainte.

Encore sur les collines, l'oratoire de Cade-
sino conserve en fresques singulières deux
Madones, une *Cène*, dans les traditions pictu-
rales du treizième siècle, et une *Crucifixion*
d'un criant réalisme qui s'apparente aux
œuvres de Gaudenzio.

Après Oggebio, tournant un promontoire,
le lac s'incurve dans la rade lumineuse de
Cannero, fleurie d'orangers, camélias, lauriers-roses, grenadiers et cytises, printemps
perpétuel, car c'est ici le climat favori du
lac. Dans cet antique « canore », lieu fan-

geux semé d'oliviers que l'évêque Apualdo,
vers 985, donna aux Novarais avec la terre
d'Oggiono, une église Saint-Roch vétuste et
pauvre nous attire au sommet du pays, mais
elle n'offre rien d'intéressant.

L'histoire trouve à glaner. Renzo m'indique la villa de la Sabbioncella. C'est là que
vivait Laura Mantegazza. Dans la nuit du
15 août 1848, « plus vive que le coursier »,
elle s'élance et traverse le lac dans une
barque, pour secourir, au péril de sa vie, les
Garibaldiens blessés à Luino dans leur rencontre avec les Autrichiens. Les passions et
le geste de ces ans déjà lointains s'effacent
peut-être, mais la figure de cet ange héroïque
demeure sur cette plage où des hommes
moururent pour la liberté de leur patrie.

Un peu plus loin, veille la Vitaliana, majestueuse encore dans ses tours décapitées revêtues de lierre. C'était une forteresse con-

struite par Ludovic Borromée vers 1519, sur
deux îlots rocheux où vivaient, indisciplinés,
une bande de soldats « marrons ». Ce récit
tient de la chronique et de la légende. Certains frères Mazzarditi, rapaces et méchants
bouchers de Cannobio, durant la seigneurie
de Jean-Marie Visconti, vers 1300, parvin-
rent, l'arme au poing, à s'installer sur ce
rivage où ils régnèrent par la violence. Vain-
queur de ces bandits en 1414, Philippe Visconti rasa leur domaine (que l'heureuse syn-
thèse populaire avait dénommé du « Mal-
paga ») et c'est sur les fondations qu'un
siècle plus tard Ludovic Borromée dressa la
Vitaliana, type de la demeure du châtelain et
du soldat.

Il en reste peu de choses, sinon les avan-
cées de sa muraille et le dessin d'une ancienne
chambre. Pourtant, ce ne sera pas abuser des
pas de notre obligeant cicerone d'esquisser

L'ILE SAINT-JEAN, PROCHE LA RIVE... (P. 79).

le rapide trajet des hirondelles ou des oiseaux
de nuit dans cette atmosphère de légende.

Un peu au-dessus de Cannero, s'ouvre l'esplanade de Cheglio où le soleil emplit les
maisons. Viggiona nous montre un oratoire
du quinzième siècle dans son cimetière
paroissial, et d'intéressantes choses : une
Adoration des Mages, dégradée par les retou-
cheurs, digne d'attention, et un bois gravé
du dix-septième siècle qui représente dans un
bon mouvement dramatique la Vierge soute-
nant le corps du Christ descendu de la croix.

Cet édifice assez imprudemment perché
sur l'éperon rocheux du mont Carza, d'un
aspect incertain, fortin rustique ou sanctuaire, c'est l'église du Carmine. Renzo m'explique qu'elle a deux époques. La partie
haute avec la tour du clocher doit dater de
1300, la nef orientée vers le lac de la première moitié du quatorzième siècle. Il existe

des restes copieux et encore vigoureux de
fresques conduites avec vivacité et naturel,
non dans la partie basse, mais un résumé
incomparable couvre toute la voûte, et l'autel
conserve un triptyque du treizième siècle
plein du spiritualisme profond et ingénu des
Primitifs.

IV

Au delà, le lac épanche sa placide sérénité,
enveloppe l'horizon vers Cannobio d'une
légère teinte de mélancolie et nous appelle
à d'autres contemplations.

Nous dépassons la « Pointe d'Amour » qui
rassembla les bourgades éparses des canno-
biesiens contre les emprises autrichiennes
de 1859, et voici Cannobio dans son aspect
pierreux, austère et solide, toute une suite de
maisons sans doute un peu pesantes derrière
leurs portes basses soutenues de colonnes,
souriantes pourtant, dans leurs façades déco-
ratives et fleuries. Les loggias lumineuses,

les corniches de géraniums alternent leurs grâces dans les fenêtres de briques et les balcons de bois légers. Aux carrefours où prie une madone, il n'est pas rare d'apercevoir des pyramides de fleurs et de rameaux de fer.

Voie romaine, Cannobio termine la domination de Rome et commence celle des Lombards, sous un libre gouvernement de république, avec son podestat et ses vicaires. Sous un de ceux-là, Ugone Mandello, capitaine milanais, fut commencé, vers 1291, le « Palais de la Raison », autrement dit « Parrasio », qui subsiste malgré quelques mutilations. Ce sont les superpositions architectoniques des quinzième et seizième siècles, qui n'abîment pas trop les lignes originelles, établies dans une solide assise de pierre vive d'une rudesse caractéristique. Dans les parties intérieures, se détachent encore les arches vénérables du portique, serrées de pilastres qui modifient les colonnes primitives. Au socle, qui devait être un simple assemblage de bois, a été substitué un croisement de petites voûtes avec des groupes trinaires de chapiteaux suspendus. Sur la porte d'entrée du « Palatium Communis », l'architrave indique la date authentique de 1291 avec les armoiries du bourg : un écu à fond blanc, sur lequel se détachent une croix rouge et quatre fleurs de lis.

Auprès, saluons l'antique tour carrée encapuchonnée d'un étonnant couronnement substitué à la facture originelle des arceaux à trèfle. Sous le portique, se lisent des inscriptions funéraires romaines.

Un autre monument du lieu est l'église de la Pitié, commencée en 1526 et retouchée selon le dessin d'un élève du Bramante, le Pèlerin de Valsoda. Il n'est donc plus sous nos yeux dans sa structure primitive, agrandi et modifié au seizième siècle. Par bonheur, le « baroque », léger et sobre, a respecté la spontanéité harmonieuse, la coupole ardente de lumière, le clocher maigre et gracieux. La nef est restée pure. Sur l'autel majeur est encore une table peinte de Gaudenzio Ferrari.

A la différence de la *Nativité* d'Arona, œuvre vigoureuse de jeunesse du maître de Valduggia, c'est une des meilleures peintures de sa féconde maturité. C'est la *Rencontre du Christ avec Marie*, composition touchante d'un effet pittoresque. Une autre peinture de la jeune manière « gaudenzienne » se trouve à Sainte-Justine-des-Ursulines, triptyque dont la partie centrale représente la *Nativité* et les volets latéraux *Sainte Justine* et *Saint Sébastien*. Dans cette église de la Pitié, regardons encore une *Crucifixion* du seizième siècle et un vol d'anges dans les procédés employés à la peinture de la voûte. Rien à retenir dans la Collégiale de Saint-Victor, mais une *Adoration* de J.-B. Procaccini dans l'église Sainte-Marthe.

Derrière la ville, une vallée, la « Cannobina », variée de paysages et de végétations, se conjugue bientôt avec la vallée Vigezzo. A Traffiume, Cavaglio, Gurro, que de curieuses maisons à loggias, à balcons agiles ! Et cette antithèse, l' « horreur » de Sainte-Anna qui menace de ses tenailles rocheuses la fraîche sérénité des eaux chantantes !

V

Sur la berge lombarde opposée, Cecilia
m'indique d'un geste las l'éperon bossu de
Caldé surmonté d'un phare votif aux Morts
de la Guerre. Les collines fléchissent pour
accompagner la rive de Porto Valtravaglia,
qui doit à une vitrerie sa renommée et com-
pense l'absence de particularités attractives
par la grâce de ses collines ensoleillées et la
fraîcheur de sa vallée boisée. Encore le long
de la rive, Germignaga est un feu d'artifice
de soie blonde, et, bordé de trembles et de
peupliers, voici Luino, ancien fief des
Visconti, des Rusca, seigneurs de Côme

et de Locarno, lié à l'histoire du Risorgimento.

Aujourd'hui, riche et industrieuse cité,
Luino occupe sur la rive orientale la place
qu'Intra tient sur la rive occidentale, dans
une même ferveur de travail et de trafic,
cotonnades, machines et soieries. Prome-
nons-nous autour de ces habitations alternées
de jardins. Le palais Crivelli, du seizième
siècle, est devenu le siège des offices publics;
la maison originelle des Luini, celle où
naquit Bernardino, le peintre des madones,
d'autres avec leurs balcons, leurs balustres
à rinceaux, leurs serrures, valent qu'on
s'arrête.

Près du Palais Crivelli et des parterres
enchanteurs, débris de son parc, s'encadre
sur le lac la perspective de l'église Saint-
Joseph, et, si nous continuons sur Germignaga, la chapelle restaurée du Carmine

DEHORS, LE SILENCE, LA PLAINTE DU VENT... (P. 82).

qu'érigea au seizième siècle le Bienheureux Frère Éleuthère Luini.

Il faut voir, au cimetière de Luino, l'église Saint-Pierre. Une fresque y représente l'*Adoration des Mages*, en des figures d'un solide modelé. Il faut voir aussi le campanile lombard ajouré de sveltes fenêtres.

De là partent des vallées : la Tresa qui réunit les lacs Majeur et de Lugano, puis la Selvaggia touffue de châtaigniers, la Veddasca, la Colmegna, cathédrale sylvestre. Ici le doux pays de Montegrino, patrie du peintre Jean Carnevoli, dit Le Piccio, rit sur la colline, et Ganna, où vécut le statuaire Joseph Grandi, veille sur son lac minuscule. Plus au-dessus dans la combe, entre les monts Borgna et Cadrigna, dans le miroir immobile du lac Delio, s'agitent les mystères des nuages et des étoiles. Par la Valganna, Luino aboutit au « Varesotto ». Tout le territoire compris entre les trois lacs, Majeur, de Lugano et de Varèse, apparaît sillonné par une résille de vallons, de routes, de voies ferrées, de tramways à travers laquelle ne cesse de circuler le flux des touristes venus de partout.

Aussitôt après Luino, le lac se rétrécit, la route se colle à la montagne jusqu'à ce que nous rencontrions les deux Maccagno, inférieur et supérieur. Le bas fut la patrie du nécessiteux polygraphe du quatorzième siècle Dominique de la Bella, dit le Maçaneo, qui écrivit une *Corographie du Verbano*; antérieurement, il connut par Othon Ier les honneurs de la « cour impériale »; ensuite, il passa sous le joug des Mandelli, puis des Borromée. Il garde une allure pittoresque grâce aux rudes vestiges de la maison Albertini, à l'église perchée sur deux robustes arcatures de pierre dans la roche qui tombe à pic dans le lac.

Maccagno le haut se trouve après le delta
de la rivière Giona. L'église y recèle une
Cène en bois doré de la première moitié du
seizième siècle. C'est des deux Maccagno, au
nord de Cannobio et de son bassin, que le
terrain verbanais peu large commence à se
teinter des vapeurs helvétiques. C'est Brissago. Le lac tourne et s'élargit, son visage
change, de sévère devient souriant, les rives
solitaires se peuplent. Le val Mara, arrosé par
les eaux rapides d'un torrent, indique la
frontière suisse. Sous l'austère mont Limi-
dario, Brissago aligne à mi-côte ses prairies
et ses villas. Un cercle de verdure pacifique
l'enveloppe. Nous ne verrons — c'est la seule
qui soit d'art — que la maison Pancaldi
Serodino, du seizième siècle, peinte et stu-
quée de muses et d'armoiries.

Tout proche, longeant la route, se trouve
l'église bramantesque de la Vierge de Ponte,

œuvre des frères Jean et Pierre Beretta, svelte dans sa haute chambre carrée et sa coupole harmonieuse. Dans la vallée, au-dessus, un sanctuaire du dix-septième siècle est peint à fresque par Prelli, de Locarno.

Bientôt, surgissent les deux îles de Saint-Pancrace et Saint-Apollinaire, déjà indiquées dans les chroniques séculaires sous le nom des Conigli. Ces îlots supportèrent, au quatorzième siècle, une église et un couvent des Frères Umiliati (?). De ces antiques constructions reste seulement un pan de l'abside troué de deux fenêtres à arc tendu. L'imagination revit, dans ce nimbe de verdure et d'azur, le christianisme de ces lieux. Tout autour, s'étend un parc luxuriant, exotique et indigène; sa séduction fait songer à l'épigraphe lapidaire à Vénus découverte dans

cette île. La déesse de la beauté et de l'amour
y avait donc aussi ses autels ?

Dans le sein tranquille des ondes, les oliviers et les orangers circonscrivent Ascona,
bourg lombard dominé par les ruines du
treizième siècle de Giulioni, les rocs de Saint-
Michel et les pentes du mont Verita. Renzo
nous mène voir le Palais Magetti aux loggias
polychromes, à balustrades quadrilobées, la
maison Borrani dont la façade a été peinte
à fresque par Serodino — lequel a également
sculpté les figures de ses corniches et les
arcades de ses fenêtres. L'église Sainte-Marie-
de-la-Miséricorde montre une porte Renaissance d'un correct dessin et d'un sobre
modelé. D'autres fresques de Serodino sont
encore dans la Paroissiale.

La chronique contemporaine s'occupe de
cette bourgade parce qu'un jour d'octobre de
l'an 1925, des hommes politiques français et

allemands qui passaient à Locarno, — dont
nous sommes seulement séparés par le
torrent la Maggia qui promène des rocs
énormes, — s'arrêtèrent là pour y causer des
affaires de leurs deux pays hier encore ennemis.

Près du débarcadère de la Compagnie
Subalpina, dont les vapeurs sillonnent le lac,
Renzo nous montre une auberge, Elvezia, sur
laquelle une plaque énonce : QUI, IL 7 OT-
TOBRE 1925, BRIAND É LUTHER POSERONO IL
FONDAMENTE DELLA PACE DI LOCARNO.

Au-dessus de cette phrase, en mauvais italien, l'artiste — un brave marbrier du cru —
a taillé, les ailes étendues, un ange, sans
doute celui de la paix?

Ont-ils déjeuné là ? L'hôtelier laisse flotter
le doute sur ce point d'histoire. Nous n'es-
sayons pas de le déchirer. Un peu plus haut,
sur la colline, paraît le collège fondé en 1582

par saint Charles Borromée d'après les dessins du pèlerin Pellegrini (?), au milieu de
la paix plus réelle des prés et des bois.

Sur la rive orientale, une tour de guet du
quinzième siècle qui donne à Ronco un singulier aspect de château, et puis, suspendus aux
pieds du mont Tamaro, dans la solitude sylvestre, les derniers centres habités de cette
berge, Gerra, Véra et Magadino.

CANOBBIO.

VII

Enfin, le lac s'élargit en un ample golfe,
atteignant le delta du Tessin si âpre entre les
« saleggi ». Une moelleuse corniche de saules
et de peupliers laisse apparaître Locarno,
sous le ponceau de Tresa. C'est une rade de
collines vertes et fleuries, riche d'éléments
pittoresques, où rien n'est banal. La ville s'y
étage. Dans ses maisons, ses deux châteaux,
ses églises romanes et du quinzième siècle,
s'entassent les œuvres rares. Les résidences
bourgeoises éparses dans le décor sont une
fête pour les yeux, toutes réserves faites pour
la déplorable architecture de certains chalets

ou hôtelleries et la débauche encombrante de panneaux publicitaires.

Et quelles délices d'édifices à examiner au hasard de notre promenade ! La maison à loggia des antiques dominateurs Orelli et Rusca a trois et quatre ordres successifs d'arcades ; admirons les portiques et les colonnes de la maison Nessi, celle des peintres Orelli, du dix-septième siècle, ses salles ornées de muses et fruits de pierre, celle de Franzoni avec une madone de l'école de Tiepolo. Et, plus loin dans le pays, la Mancini et la Bustelli, du quinzième siècle, la Bacilieri, celle aussi dite « des Nécromants » avec d'intéressantes « soupentes » débordantes, un modeste palais ouvragé du seizième siècle qui fut celui des Rusca, la « maisonnette » près le château.

Le « Château » est entre les meilleurs monuments du lieu et se lie étroitement à

son histoire. Nœud de l'activité verbanaise,
probablement fondé par les Celtes, Locarno
fut habité par les Romains qui ont laissé des
traces copieuses. Il passa successivement sous
le joug des Lombards, puis sous celui des
évêques de Côme, mêlé aux féroces discordes
familiales des Muralti, des Rusca, des Orelli,
unis cependant dans une haine commune
contre les Visconti et les Sforza.

Ce château, construit en 1312 par Matteo
Visconti, renforcé en 1342 par Luchino,
a subi diverses modifications sans altérations
de sa structure primitive. D'ailleurs, dès
l'origine, des styles différents s'y sont super-
posés, les seigneurs inquiets y ont ajouté
d'année en année. Les lignes essentielles
demeurent inscrites dans un sourire d'art,
légers arcs de briques, portail aigu de pierre
fouillée, loggia lumineuse festonnée de
pampres. A moitié de l'escalier, une fresque

attribuée à Luini montre une *Vierge avec Jésus et les Saints*, pleine de douceur dans le mouvement et dans la façon habile dont les chairs sont traitées.

A côté du Château, une église Saint-François du quinzième siècle enclôt en sa façade des fragments gothiques appartenant au temple du douzième siècle qui existait jadis à cet endroit : un « Agnus Dei », un aigle serrant un livre, une mule caparaçonnée, un homme couché sur le dos, rudes sculptures, d'un premier symbolisme chrétien. En 1352, un bon maître de Côme (?), de ceux que la région a disséminés par le monde pour y construire des chefs-d'œuvre, Stéphane de Velate, érigea, tout contre, le cénotaphe de Jean Orelli : un petit temple à arcatures, en marbre blanc et noir d'un curieux effet chromatique, au fronton écussonné de l'aigle héraldique.

Redescendons au lac. Voici la Tour communale que les Visconti dressèrent à la fin du quatorzième siècle, en pierres équarries et peintes.

VIII

Nous errons dans les squares neufs pris
sur les sables. Au pied des collines arrondies,
au fond d'une coupe aux bords gris, la petite
ville moderne élève son Municipe bourgeois.
Une jetée de madriers, des barques à demi
hors d'eau sur la grève, c'est le port. Nous
nous asseyons. Je regarde notre brune com-
pagne, mélancolique, et je songe.

En ces lieux nous imaginons avoir planté
un bel arbre fragile, l'olivier, tout chargé de
projets, de mirages, l'arbre de la paix.

Après la monstrueuse guerre de 1914-1918,
qui mit aux prises plus de quinze nations,

transforma en républiques les plus indestructibles empires et arrosa pour des siècles
la terre de sang humain, un voile de crainte
et de représailles continua de flotter sur les
peuples. Et n'est-ce pas là que des hommes
d'Etat, Français et Allemands, se rencon-
trèrent pour tenter de le déchirer, ce voile ?
Les « accords » de Locarno semblent la
timide floraison de cet olivier. Que seront les
fruits ?

Le géographe prit la parole.

— Ce nom de Locarno, Monsieur, brille
d'un éclat singulier dans la mémoire des
hommes. C'est là que les représentants de
deux grandes nations ennemies s'efforcèrent
de cimenter la paix.

Ses regards errèrent lentement sur l'horizon glauque. De petites vagues se brisaient
à nos pieds en moutonnant. Il continua :

— Il ne peut vous être indifférent, à vous

Monsieur, qui êtes français, de savoir qu'en cet endroit l'ogre germanique mit dans votre si douce main latine sa rude patte durcie au contact du gantelet d'acier. Le ciel était bleu, radieux comme aujourd'hui. Le syndic offrit pour la promenade sur le lac un bateau blanc qui sert aux excursions nuptiales. Les promesses s'échangèrent sur ce plancher mouvant où se répondent les baisers. Plus de disputes ! Jamais de guerre ! Des méchants soupirent : « Les amours sont fragiles ! »

« Les poètes, qui sont des visionnaires, ma fille Cecilia dont le cœur a beaucoup pleuré, vous exprimeront mieux que moi, Monsieur, ce qu'il faut attendre des fiançailles et des accords les plus solennels... »

Il fallait continuer. Au sommet d'une
brève colline, le sanctuaire de la Madone del
Sasso, seizième siècle, ouvre ses arceaux
lumineux sur les fondrières fangeuses. L'édifice, tout chargé de balcons, renferme une
peinture, *la Fuite en Égypte*, du Bramante,
duquel nous trouverons une *Vierge* dans
l'église de l'Annonciation, au pied des collines; deux précieuses tablettes peintes dans
une parfaite science lumineuse, attribuées à
un élève de Leonard, Bernardino de Conti,
représentant l'*Annonciation* et la *Libération
des âmes*, et une *Déposition* pleine de con-

DES BARQUES SUR LA GRÈVE... (P. 133).

trastes, dessinée par Ciseri avec une certaine impétuosité dramatique.

Je notai particulièrement dans la très vieille église Saint-Victor de Muralto un « autel de la Pitié » en bois doré et sculpté du quinzième siècle, portant les figures de la Vierge et des Saints peintes dans les architraves et entre les pilastres. Dans la niche centrale, une *Crucifixion* et une précieuse sculpture, *le Christ soutenu par sa mère*, d'un artisan du quinzième siècle.

Administrativement division de Locarno, dont les immeubles se suivent sans interruption, Muralto, antique terre romaine que beaucoup considèrent comme le berceau de la vie locarnienne, en conserve de précieux documents dans son église de Saint-Victor. C'est une basilique des onzième et douzième siècles. Bernardino Serodino peignit dans l'abside une *Descente de l'Esprit saint sur les*

Apôtres. Elle est dotée d'une crypte souterraine, curieux spécimen de l'architecture religieuse de l'an 1000 : assises basses avec nef en croix, colonnes avec chapiteaux de fruits et feuilles d'une humaine imagination, chœur profond. Le campanile, sobre et massif, une tour, comme il convenait à cette époque où le cliquetis des armes mêlait ses frayeurs aux psaumes des prières. Sur son fronton, est campée la statue équestre du saint, œuvre élégante, en marbre blanc, du quatorzième siècle.

A l'autre bout de Locarno, se trouve dans le cimetière, où s'écoule en silence le clepsydre inexorable du temps, la chapelle mortuaire de Sainte-Marie-en-Silvis, une églisette des premiers ans du quatorzième siècle où nous admirâmes dans la voûte et sur les parois des peintures de la plus pure saveur des Primitifs : un *Couronnement de la Vierge*, et d'autres scènes des Ecritures.

De Muralto nous parvînmes aux bourgades attenantes de Gordola, Minusio, Riva-piana où se dressent le bloc incorrect du « Château de fer », de 1558, et une gracieuse chapelle romane. Au-dessus de Minusio, mon esprit s'ingénia sur la carte à chercher le nom des bourgades, Orselina, Brione.

Par la vallée Maggia, près l'arc romain du Pont-Brolla, on montre une « Danse macabre », fresque du quinzième siècle; à Maggia même, dans l'églisette Santa Maria de la Croce, des fresques de 1528 représentant des scènes d'un *Couronnement de la Vierge*, les évangiles de saint Marc et saint Luc et des épisodes de la vie de la Vierge. On voit encore, à Pura, la maison des Crivelli des quinzième et seizième siècles, le château de Lottigna dans le val de Blenio, les chapelles gothiques de Torre de Samacorta.

Plus en dedans encore dans les « Cento valli » parcourus par la voie ferrée qui joint le Locarnais à l'Ossola, une église du seizième siècle nous arrête à Palagnedra, et des madones du quinzième siècle à Losone, Cavergno, Bignasco, autres lieux encore, signes majeurs de la ferveur d'art qui anime cette limbe extrême du Verbano. Ce qui complète le Verbano, c'est la palpitation de ses ondes racontant la gloire de ses héros, rappelant leur mémoire aux rivages témoins : Sesto Calendo, qui vit, une nuit du printemps de 1859 pleine d'étoiles et d'espérances, Garibaldi lancer sur un pont de bateaux ses chemises rouges à la délivrance de la liberté lombarde ; Locarno, qu'éveillait en 1848 la vaillante inquiétude de Mazzini, prophète de la patrie.

Ces deux points extrêmes sont les annonciateurs de deux zones différentes d'une

Le Sanctuaire de Santa Catarina

même terre. Sesto Calendo est le seuil de la
plaine lombarde, la porte par laquelle le
Tessin progresse entre des ondulations toujours plus souples dans son cours plus majestueux vers le Pô. Locarno est la limite des
vallées alpines qui l'environnent, restreint
entre cinq routes vers les monts sévères et les
gigantesques piliers de glaces d'où ondoient
les sources des rivières.

Traversant dans leur partie septentrionale
les confins politiques de l'Italie et de la Suisse,
le Verbano est partout une admirable harmonie d'unité, non seulement par sa structure physique, mais encore par la physionomie des peuples qui habitent ses rives, par
les événements historiques qui se sont suc-
cédé dans les siècles, par le génie artistique
qui a conçu les monuments. Parlant le même
langage, les églises et les clochers qui se
répondent attestent l'antique maîtrise des

tailleurs de pierre qui furent leurs construc-
teurs, les coutumes des familles qui fleuri-
rent ces madones au mystique sourire sur la
pâleur des autels et l'or des tabernacles.

QUATRIÈME PARTIE

Les Songeries du lac d'Orta

I

Du Verbano à l'Orta, 5 kilomètres nous
séparent. Ils sont franchis sans hâte, tant la
nature orne cette route de mille attraits.
D'aucuns ont identifié l'Orta au Clisius de la
Table Théodosienne. Il semble plus certain
que ce soit le Cusius des Romains, dans la
chaîne qui, du Mottarone et des Monts de la
Croix, descend en molles ondulations jusqu'à la plaine novaraise. Il s'étend entre
l'Ossola et le plateau de l'Agogna, parallèle-
ment au Maggiore, dans lequel il se déverse
par un canal navigable.

Colonie romaine, le Cusio suivit à la chute

de l'empire le sort des autres camps subal-
pins. A l'écart des migrations, malgré la fer-
tilité de ses rives, il demeure inconnu des
barbares. Des Lombards à Othon, il échoit
aux évêques de Novare pendant quatre
siècles.

— Vous pensez, Monsieur, dit Renzo, que
les événements notoires, réceptions, visites
et cérémonies pompeuses, ne manquèrent
pas. Les chroniques en conservent témoignage. Aux flancs du Verbano où s'excitait
l'émulation guerrière des Borromée et des
Moriggia, des Orelli et des Rusca, le Cusio
se contenta de jouir de la vie au bon sens du
mot.

Ce lac a 12 kilomètres; large de 2, il se
rétrécit à 500 mètres, sans doute à l'endroit
préhistorique d'un isthme supposé. Le bassin
tout entier mesure 33 kilomètres. La côte
méridionale et le centre, doucement ondulés,

sont peuplés d'agrestes bourgades. Par contre,
la rive septentrionale, au pied de montagnes
élevées, est aride et sévère. Distante des
arbres et des sources, elle a des étendues
désertes. Mais c'est ici le climat tempéré
constant des cirques abrités, le ciel aimable,
les eaux bleues. La mélancolie de cette berge
peut alourdir les ailes de la songerie, nous
nous attardons avec les laborieuses popula-
tions d'Alzo et de Pella dans leurs carrières
de granit.

Après les étendues novaraises, la monoto-
nie de ses marais et de ses allées de mûriers,
ce décor a du charme quand même. A
l'orient surgit une masse de pierre crue, la
tour de Buccione, vêtue de lierre. La première commune mentionnée est Bolzano, qui
domine la vallée de l'Agogna. Son église,
Saint-Martin, entourée des tombes, construction non absidiale du treizième siècle, con-

serve des fresques novaraises des quatorzième et quinzième siècles un peu empâtées. La Paroissiale mérite une visite pour sa galerie de bois sculptés du quinzième siècle.

De Bolzano, par une verte courtine de buissons et de prairies, nous arrivons sur la berge orientale à Corconio, Vaciago, agrestes agglomérations, ensuite à Armeno, villégiature citadine dans la sérénité de jardins rafraîchis par l'haleine des eaux. A moitié route de Miasino, un sanctuaire franciscain dresse un cap verdoyant, la madone de la Bocciola. Une pieuse tradition veut qu'elle apparût dans les « boccioli » (calices) d'une haie, à une enfant de Vaciago.

Les pèlerinages viennent chaque année à ce culte nouveau.

Gravellona
Sambagheno
Casale
STRONA
Crusinallo
Mottarone
△ 149
Omegha
Quarta
Nanio
Armeno
Varallo
Pella
Orta
S. Maurizio
Giulio
Quarona
Cellio
Gozzano
SESIA
Valduggia
Gargallo
Borgosesia
LAC D'ORTA
Serravalle
0   5   K. 10

II

Les maisons de Miasino et d'Orta Novarese,
voisines, se rejoignent sous les décombres
tristes du château de Carcagna. Je vois de
délicats fers ouvrés, une inimitable floraison
de parterres et nous entrons dans la paroissiale Saint-Roch, fraîche à souhait. Le Palais
Nigra, d'un baroque accentué, rappelle les
fastes de l'ancienne seigneurie.

Non loin, la péninsule Saint-François pro-
jette sur le lac sa colline arrondie, Orta
Novarese profile dans la verdure la noblesse
historique de ses édifices, au pied du Sacro
Monte. La petite cité aligne une plantation

d'arbres le long de la plage ensoleillée. Le Municipe surgit, oint d'armoiries, avec ses portiques, un svelte escalier extérieur conduisant à une loggia. Un campanile paraît dialoguer de ses cloches avec la proche Paroissiale, dont les dix-neuf chapelles sont ornées de fresques. Une d'elles a été, dit-on, bâtie sur les dessins de Michel-Ange. Renzo m'indique certaines maisons, anciennes ou modernes, la Borroni, la Gemelli, la Fortis, vieilles et neuves, entourées de rosiers, de rhododendrons, d'azalées, d'oliviers. Le cimetière, peu triste sous les fleurs, est clos par une fantasque grille du dix-septième siècle. Au cœur des rues, une tour du quinzième siècle remémore en sa majestueuse quadrature l'émotion d'un moment de lutte et de rapine.

Quelques minutes de barque suffisent pour nous conduire à l'île de San Giulio. Palla-

dium de liberté dans les siècles révolus, c'est
aujourd'hui l'asile du séminaire érigé par le
cardinal Morozzo, autant qu'un but pour les
sentimentales pérégrinations des amoureux
de rêveries.

III

Cette enceinte paisible fut cependant le
théâtre de contestations sanglantes. La première fois au temps de l'empereur Othon
qui vint asservir la région ; puis en 1529,
quand elle fut investie d'un siège digne de
mémoire, puisqu'il atteste l'héroïque défense
des insulaires guidés par une femme guerrière, Maria-Canavese.

Riche d'histoire, elle l'est aussi d'art. Nous
apprécions longuement un portail du dix-
septième siècle. La route, unique, nous conduit à la basilique Saint-Jules et au séminaire qui, assis entre des vergers en terrasses,

domine de sa candide carrure le miroir du lac.

Cette église, attribuée aux premiers siècles et à l'initiative de saint Jules, quand il vint avec son frère Julien de leur Grèce native évangéliser la contrée, est un spécimen curieux du christianisme primitif, sur l'emplacement d'un temple païen, entre deux tours indépendantes. Dans les trois nefs, dans l'abside, où parviennent les plaintes rythmées des ondes proches, le bel ensemble byzantin des huitième et dixième siècles montre une serpentine noire d'Oira fantastiquement frappée des symboles des Evangélistes, un sarcophage du duc lombard Minulfo, et, entre autres, deux bas-reliefs avec figurations de bestiaires.

Toute la basilique, la crypte souterraine sont fournies de colonnes, de pilastres, de fers forgés, de stalles de bois sculpté, de pein-

tures et de fresques attribuées en partie au
vercellien Lanino, sinon à Gaudenzio Ferrari.
Postérieures à la décoration originelle, elles
laissent subsister en certains coloris les signes
vétustes de l'ingénue conception primitive.
Voici encore une toile de Gaudenzio, *la
Vierge à l'enfant*, et, dans la sacristie, un
panneau de saveur luinesque. Et si nous
n'étions pas pressés par l'heure, nous visite-
rions encore dans l'île un puits, une loggia,
un suggestif bocage propice à la songerie, le
campanile Saint-Philibert près le cimetière,
une maison peinte du quinzième siècle et le
musée Casati.

IV

Au-dessus d'Orta, dans l'éclat smaragdin
du mont Saint-François, brillent d'autres
séductions : du seizième siècle, un monastère
franciscain et un sanctuaire entouré d'arbres.
Le vent qui nous caresse racontera-t-il la vie
du saint aussi bien que les figures de terre
cuite ou les fresques de Fermo Stella et de
Morazzone ?

Près la tour du Buccione, pointe le minaret
mauresque de la villa Crespi. Après la molle
courbe de la rive à Lagna, poudroie le mont
Alzo, béant des carrières d'un granit sem-
blable à celui de Baveno. Et après le mont
Orfano, au bord d'une falaise rébarbative,
paraît le logis de la madone du Sasso où nous

trouverions des peintures de Fermo Stella.

Plus haut, tiède et accueillant, Boleto, face à l'île San Giulio, étend la paix de ses modestes habitations au pied d'une tour lombarde. Tournant sur la berge orientale, dans une verte corniche de châtaigniers et de prairies, Armeno se groupe au chant des cloches de Pâques et des sources. Cases robustes avec balcons ajourés, portails de grès. La Paroissiale l'Assomption, du seizième siècle, nous montre un tableau d'autel de Fermo Stella, plusieurs fresques, madones et christs, des bas-reliefs byzantins. Nos pérégrinations nous conduisent aux frondaisons de châtaigniers de Pratolungo, à la cascade de Pescone, qui fume, irrisée, à la méditative madone de Luciaga.

Sur la berge opposée, grondent dans une trame de soleil les cascades de Pellino et d'Acqualba. Entre les arbres apparaissent de

clairs paysages : Cesara, Nonio, Cireggio, les
deux Quarna; puis, au confluent des rivières
Strona et Nigoglia, entre les pentes des monts
Mazzoccone, Zuccaro et Mottarone, surgit
Omegna qui ferme le lac, à l'endroit où naît
la Nigoglia.

À l'encontre des eaux voisines, cet émis-
saire coule au nord, ce qui inspire un malicieux proverbe assez difficile à traduire :
« C'est une rivière et c'est une femme, leur
loi est au-dessus de la nôtre. » Les rues sont
enfiévrées de trafic, surtout les semaines de
marchés qui attirent des fermiers en costumes bariolés de Strona, de Forno, de
Fobello, des urbains aussi, curieux mélange.
Renzo remarque également l'antithèse roman-
tique du canal endormi le long de la Nigoglia avec le ronflement moderne des moulins
sur la Strona. Tout cela donne à Omegna un
aspect particulier. Une roue à augets lance

une trombe d'eau sous l'arche unique d'un pont écroulé. Une voûte du quatorzième siècle accolée à ce bâtiment industriel décèle la porte qui devait s'ouvrir ici dans l'enceinte médiévale.

L'église paroissiale Saint-Ambroise, du treizième siècle, encombrée de sculptures et de peintures, érige un campanile carré qu'illustrent des fenêtres trilobées et un capuchon aigu. Nous voyons encore l'église de la Madone du Peuple, du dix-septième siècle, la maison Bazzetta, du seizième siècle, et d'autres constructions dans le quartier le plus vétuste. La cité neuve fait preuve d'un esprit bruyant dans ses machineries, ses imprimeries de cotonnades, plus fécond dans son industrie caractéristique de tournerie de bois pour mille objets d'usage mobilier, et aussi dans la fabrique de bijouterie et de cristaux.

V

Derrière Omegna, débouche de l'ouest la vallée Strona. Par Marmo, Canava, Forno et Strona, elle mène à Campello Monti, au pied du mont Capezzone. Dans cette contrée attachée à ses coutumes, le cours de la rivière continue sans lassitude d'aider au rythme laborieux des marteaux et des tours.

La route du lac Majeur est bordée de façon presque ininterrompue des habitations et des établissements de Crusinallo, autre centre manufacturier de cartes, clouterie, tréfilerie, filatures de coton. Le bourg ne nous révéla aucune œuvre d'art. Toutefois, l'église poudreuse du treizième siècle Saint-Gaudenzio n'est pas sans attrait. Un peu au-dessus, à Casale Corte Cerro, subsistent les ruines d'une forteresse vêtue de lierre et de soleil.

Nous atteignons rapidement Gravellona grâce au tramway électrique. La solitaire majesté du mont Orfano, près d'une antique tour de milieu qui veille, forme un singulier contraste avec les muses fumantes des manufactures de cotonnades et la stridulence des scieries de granit.

Nous nous approchâmes

Au son des pics sonnant dans les carrières

d'hommes mi-nus dont la peau brûlée se givrait de mica. Leurs dents blanches étincelaient entre leurs lèvres rouges, ils avaient l'air un peu fauve, mais bons garçons. Et poursuivant ma remembrance poétique, les strophes ardentes de mon compatriote le

QUELQUES MINUTES DE BARQUE NOUS CONDUISENT A L'ILE (P. 154).

chansonnier lyonnais Pierre Dupont me reve-
naient en mémoire

Il me souvient qu'aux jours de mon enfance...

Il voit arracher ces pierres d'où sortira sa
ville natale, et termine par cette vibrante
invocation aux muscles de l'homme :

Race intrépide et dure,
Dont le cœur guide la main
Arrache aux flancs de la nature
La pierre et le granit qui dure,
Pour abriter le genre humain...

Malgré moi, je les proférai, ces vers mys-
tiques, et je m'aperçus que Cecilia m'écou-
tait.

— Je pourrais, Monsieur, dit Renzo, en
contournant les pentes du mont Orfano, vous
conduire à un autre lac, encore plus petit,
qui coule ses heures sereines dans la pittoresque solitude de Mergozzo. Les vieilles
cartes le montrent réuni au Maggiore, formé

d'une des multiples fosses naturelles que viennent lentement combler les alluvions de la Toce.

D'heureuses fouilles mirent au jour des objets de l'époque préromaine. Un groupe de maisons blanches à balcons fleuris et à toits d'ardoise se presse autour de l'église à campanile aigu, près les restes d'une antique muraille novaraise. Un orme séculaire converse avec la rive tranquille, léchant l'eau légère que ride un brin de vent.

Cet humble bourg de carriers et de pêcheurs est un centre de villégiature. Nous y trouvâmes quelques vestiges d'histoire. A l'opposé des logis, une branlante tour de signalisation fixe le ciel, et une porte médiévale carrée atteste l'orgueil de jadis. Les églises recèlent des souvenirs d'art, de la Paroissiale à Sainte-Marthe et à Saint-Jean du mont Orfano. Fastueuse en ses balustres et

ses escaliers du dix-septième siècle, la
Paroissiale trône dans le sommet du pays,
d'où part la route pour l'Ossola. C'est un
harmonieux édifice, possesseur de bonnes
toiles. Un panorama dessiné au seizième
siècle montre déjà l'orme centenaire.

Sainte-Marthe n'est qu'une églisette, enserrée, quasiment étouffée par les cases, d'un
délicieux archaïsme, des environs de l'an
1000. Toute en pierre nue, elle est ornée d'arceaux suspendus. Au-dessus du portail intérieur une « lunetta » peinte montre la con-
grégation de la sainte en prières.

L'oratoire dédié à saint Jean sur le mont
Orfano a été construit entre les dix-huitième
et dix-neuvième siècles avec le granit de
la montagne. En forme de croix latine, il a
trois façades. Un portail lombard orne la
principale, et tout autour de l'abside octo-
gonale court une fauconnerie de simples

arceaux, légers comme un vol d'hirondelles.

Au fond, le lac stagne dans une grise teinte d'acier, à peine rompue du reflet blanc des cottages sur les pentes du Bracchio. Nous contemplons les Alpes lointaines encadrées d'âpres joyaux, et nous abandonnons le songeur Mergozzo en côtoyant le mont Orfano. A travers les terres irriguées et les cultures de peupliers, la Toce se dilate pour se marier au Verbano. La rive s'incurve, s'allonge à droite et à gauche, vers Stresa et vers Pallanza. Le miroir azuré resplendit, les îles diaprées sourient, et là-bas, vers la rive lombarde, les crêtes se fondent en des vapeurs d'apothéose.

CINQUIÈME PARTIE

Les Quatre Chemins de l'Ossola

I

Tranquillement, ce matin-là, nous partons
de l'auberge après un frugal déjeuner.

— L'Ossola, m'explique mon aimable cicerone, agitée et montueuse, se présente entre
la plaine de Mergozzo et les sources de la
Toce. Elle a des pâturages fertiles. Mais,
voyez-vous, Monsieur, quand la montagne
est là, c'est toujours vers elle que se lèvent
nos regards.

Cecilia approuve de la tête. Elle me parut
plus mélancolique que les jours précédents.
Quel amer secret renferme donc le cœur de
cette jeune femme ?

— Cette région, reprit son père, du lac de Mergozzo au passage Saint-Jacques, dans la haute vallée Formazza, forme un cirque de 100 kilomètres de long sur autant de large. Des pentes du mont Rose, dans la vallée Anzasca, à l'embouchure de la vallée Vigezzo, dans le passage de Locarno, elle étale l'immense couronne de sa glauque royauté.

Ecrin délicat de pâturages, de forêts, de sources intarissables d'énergie électrique, l'Ossola est aujourd'hui une des principales productrices de « houille blanche » de l'Italie; plusieurs millions de chevaux-force galopent, la crinière écumante, fouettés par les torrents qui les nourrissent. La Toce, qui la parcourt en entier, descend des glaciers du Hohsand et du Griess, toiles de fond du Verbano. Il y a aussi ses sœurs : l'Anza et l'Ovesca.

Dans cent agglomérations — dont une seule peut prétendre au titre de ville : Domodossola, — une population solide, sobre, laborieuse, issue des autochtones latins et des migrations germaines, vit, patiente et tenace.

Colonie romaine, l'Ossola doit à sa position géographique, près des faciles défilés alpins, d'avoir été la voie quotidienne de passage des invasions, par les Goths, les Grecs, les Lombards, les Francs. A la création de l'État moderne, Charles V l'a inféodée à Jules-César Borromée qui lui dut sa seigneurie, et resta son féal jusqu'à son affranchissement par Philippe II d'Espagne. Elle connut des changements de maîtres, la République cisalpine, le royaume d'Italie, les États sardes. La lutte victorieuse du Risorgimento la rattacha finalement à la patrie italienne.

— Vous noterez, Monsieur, expliqua le professeur, les différences géologiques et oro-

graphiques en deux zones; la basse Ossola de
Mergozzo finissant à Piedimulera, la haute
Ossola, — qui est l'Ossola proprement dite,
— de Piedimulera à la ligne de partage des
eaux. La première, large esplanade, est déjà
flanquée de glaciers ; la seconde, depuis
Domodossola, est dominée par la vertigi-
neuse beauté des cimes.

— Monts impérieux, cathédrales majestueuses de rochers, aiguilles, falaises ardues,
neiges éternelles toutes fumantes de nuages
et de tourmentes ! — C'était Cecilia qui par-
lait. — Regardez, oh ! regardez à vos pieds
ces tapis verdoyants, ces moissons blondes
agitées par la caresse des vents, ces villages
aimables, ces candides maisons aux toits
rouges, aux fenêtres fleuries, écoutez la
mélodie des eaux et des bois !

Je l'écoutais, elle. Renzo nous entraîna à
travers la Candoglia, minuscule aggloméra-

tion de mineurs, auprès des carrières de
marbre d'où, vers 1385, Jean Galeazzo Visconti tira le Dôme de Milan. Les moyens
mécaniques utilisés aujourd'hui font mieux
apprécier, quand on y songe, la fécondité
du travail d'alors. La voie ferrée qui charge
les blocs est évocatrice des lentes carrioles de
jadis, des voiles gonflées des barcasses qui,
« à la merci de Dieu et de saint Antoine »,
portaient leur précieuse cargaison à la capitale du duché.

II

La tour de Candoglia, sous le massif
impressionnant du Massone et de l'Eyehorn,
à peine adoucie d'un peu de mousse, offre la
Madone miraculeuse de Boden; Ornavasso,
d'origine latine, a conservé des traces évi-
dentes, dans sa configuration et ses mœurs,
d'empreinte germanique. Bloqué entre ses
pâturages et les carrières voisines, le pays
montre les maisons des seizième et dix-septième siècles. Nous voyons aussi la façade
en marbre de l'église du Bosco, de pures
lignes Renaissance, son campanile aigu, le
précieux pupitre de bois sculpté qui sert
encore chaque jour.

Des ruines éloquentes veillent sur nous.
Dans ce château du quinzième siècle était la
Vicomté. Nous descendons sur la gauche de
la Toce, traversant un ruisseau à Premosello,
sur un vieux pont romain. Sur nos têtes, les
corniches de Nibbio dessinent soudain leurs
crêtes dentelées. Sur la droite, nous apercevons successivement Miggiandone, Anzola et
ses opulentes carrières, Rumianca avec son
vénérable presbytère. Et nous arrivons à la
plaine de Piedimulera. Le bourg occupe
l'embouchure de la vallée qui descend du
mont Rose. Ce sont de gentilles métairies,
où règne le palazzo Protasi, bourgeoise
demeure du dix-septième siècle, décorée de
fresques et dominée par un clocher tronqué.

Derrière, se termine l'Anzasca, close ellemême à l'horizon par le mont Rose. Elle
alterne les pâturages et les cirques vertigineux de rocs et de falaises. Les habitations

y sont disséminées : Castiglione, Ponte-
grande, Calasca avec le sanctuaire de la
Madone de la Gurva, Bannio dont la cathédrale est somptueuse, Vanzone... Calasca et
Bannio nous arrêtent plus particulièrement
par les traditionnelles « Milizie » qui, depuis
trois siècles, accompagnent les fêtes des deux
pays dans la continuité familière des coutumes et des rites. Après Ceppomorelli, la
vallée, qui conserve une large et constante
déclivité, se restreint, s'encaisse dans la gorge
bruyante de Borghen, et puis saute brusquement, à 1380 mètres d'altitude, dans la
plaine de Macugnaga. Cette contrée se frac-
tionne en Pestarena, ancien bassin aurifère,
Borca et Staffia qui, plus communément,
porte le nom principal. C'est aussi la plus
captivante par son caractère géographique,
par la vêture, le dialecte et les coutumes
tudesques du douzième siècle.

Le pays voisin offre en contraste sa naïve architecture, l'étrangeté cosmopolite de ses hôtelleries, la ceinture émeraude de ses prairies, la châtoyante hermine des fourrures du mont Rose. Et voici les sauvages refuges de Pecetto quasiment enfoncés dans l'Alpe, et sa branlante église qu'on affirme être du deuxième siècle (?), réédifiée vers 5oo (?), et son gigantesque tilleul qui connut la séculaire fierté des assemblées tenues et des jugements rendus sous son ombrage.

III

La vallée Anzasca nous ramène à la plaine.
Voici, sur la rive opposée de la Toce, Vogogna souriant de ses balcons fleuris. La cathédrale, dédiée à saint Jacques et saint Chris-
tophe, se dresse dans une grâce recueillie.
Un château des premiers siècles surgit sur
ses épaules. La dignité des édifices, heureu-
sement conservés dans leurs lignes essentielles, témoigne d'une autorité passée sur
toute l'Ossola inférieure. Le palais Pretorio
est un solide bâtiment du quatorzième siècle,
sur de robustes arcs de pierre, enjolivé de
mosaïques et de métal forgé. L'église, érigée

à l'emplacement d'une précédente, ne conserve pas trace du portail où étaient, environnées d'anges, les figures des deux saints patrons.

Le château de Vogogna est un exemple de fortification viscontine du quatorzième siècle. Avec sa muraille en partie écroulée, il environne tout le pays et le protégerait encore, s'il fallait, avec ses redoutes. A côté, subsiste, dans la fraction Genestredo, la ruine abandonnée d'une plus ancienne forteresse lombarde.

Refranchissons la Toce. Villadossola, sur la rive droite, vibre des marteaux, les forges sont mues par le cours rapide de l'Ovesca s'engouffrant par l'étroite vallée Antrona. Cette coupure, dans la fuite des sapins et la détresse du sol, est d'aspect rude. Toutefois, le caractère poétique n'est pas absent des rares villages, Seppiana, poudreuse église,

Les barcasses portaient leur précieuse cargaison. (p. 179).

Viganella, San Pietro de Schieranco, et près
d'un mélancolique lac terminal, Antronapiana. Un affaissement qui, en 1642, éboula
une quarantaine de maisons, forma ce lac.
Menacées d'une installation hydro-électrique,
ses pentes de sapins aboutissent au Pizzo di
Andolla.

Villadossola compte deux églises, Saint-
Bartholomé, qu'on affirme dater de l'an
1000, façade en pierre qui montre encore des
traces de peintures, campanile roman aéré
de fenêtres polyflores, et Saint-Maurice, qui
remonterait, paraît-il, aux premiers siècles.
Rive gauche, sous les restes d'un château,
blanchissent les carrières de gneiss de Beura.
Plus loin, vers les escarpements du Mon-
cucco, la vallée s'élargit en un verdoyant
bassin.

Nous sommes maintenant dans la plaine
centrale de l'Ossola. Au milieu, au pied du

col du calvaire, surgit Domodossola, l'antique « domus Oscelae » des Romains, lesquels feront de lui le pivot hégémonique de toute la région.

Le bourg, opulent et fécond, sera en tout temps investi de la dignité civile et ecclésiastique. Dès 917, Berengario l'institue dépôt de marchandises, les comtes de Biandrate l'entourent de murs, les Lombards campent sur la colline de la Mattarella (le calvaire actuel) un château détruit et reconstruit au treizième siècle, Cour de justice durant la seigneurie des évêques de Novare, il est encore aujourd'hui couronné de pittoresques ruines.

Dans ses rues, tortueuses dans la vieille enceinte, larges et droites dans la nouvelle, Domodossola conserve la saveur de nobles maisons ornées de portes, de sveltes loggias lumineuses, de fers forgés, de marbres sculp-

tés. Place du Marché, harmonieuse d'élégance rustique, rue Galletti, quartier du
passé, sinon à l'antique porte de Briona, où
se trouve la construction dite de l'Évêque,
nous restons de longues minutes à examiner,
à admirer. L'église collégiale, près de la
place du Marché, est une œuvre robuste du
quinzième siècle, sur l'emplacement d'une
préexistante, due à Ludovic le More. Un portique du dix-septième siècle y a été ajouté.
Dans l'intérieur, des toiles, des bois taillés,
des marbres attirent notre attention.

Quartier de Saint-Quirico, une autre église
a été édifiée en 1400 en l'honneur de ce
patron. Au pied du calvaire, l'oratoire de la
Madone des Neiges, du dix-septième siècle,
est digne d'une visite. Cette colline du Calvaire, entre toutes celles qui régentent ce
lieu, attire les voyageurs. Sur ses pentes
vêtues d'une flore triomphante sont dissé-

minées quatorze chapelles, du dix-septième siècle, avec stations de la Passion, tandis que sur la cime règnent la maison mère de l'ordre Rosminiano et un observatoire météorologique.

Cependant, les monuments plus notables de la ville sont les deux palais Silva et Galletti, ce dernier dit de Saint-François. L'autre, d'inspiration bramantesque, inauguré en 1476 par Jean Antoine de la Silva, sur le lieu de l'ancienne « Motta », fut agrandi d'une précédente demeure des commencements du Quattrocento. C'est un musée. Une des courettes renferme des pierres tombales; dans les amples salons du rez-de-chaussée, s'alignent des collections d'armes et du folklore local, et dans ceux des étages supérieurs, d'autres collections d'art et d'archéologie. Un escalier à claire-voie d'élégante volute et une svelte logette à cinq arceaux embellissent heureuse-

ment l'immeuble. Le palais Galletti, voisin,
accolé aux restes de l'église Saint-François,
du treizième siècle, et d'un couvent mineur
accommodé à l'usage laïque, conserve dans
sa façade sévère le même fronton de marbre
blanc et noir daté du treizième siècle qui
ornait la défunte église. Là sont rassemblées
les collections et œuvres léguées par la muni-
ficence de Jean-Jacques Galletti : la bibliothèque, l'école d'art et la récolte des sciences
naturelles.

IV

L'Ossola, « verte et ferrugineuse », rayonne
autour de sa capitale par quatre vallées principales : la Vigezzo, pâturages et bois; la Formazza, torrentueuse d'eaux asservies à l'énergie électrique; la Bognanco, notée pour ses
fontaines hydrothérapeutiques, et enfin la
Divedro, sauvage accès au Simplon. Diverses
de paysages et de coutumes, elles ont cha-
cune leur grâce particulière. Les villages de
la Vigezzo s'égrènent dans une conque fleurie
ou sur des collines ensoleillées. D'abord
Masera, au fier campanile roman de Saint-
Abbondio, église où les élèves gaudenziens

laissèrent d'originales productions sur bois.
Puis, une lente déclivité par Ca' di Turbino,
Coimo, Albogno, Druogno, où nous décou-
vrons quelques vestiges médiévaux, nous
amène à l'effrayante gorge que traverse le
flot du Melezzo avant de se répandre dans la
plaine de Sainte-Marie-Majeure. C'est, à proprement parler, le centre des hauts plateaux
constellés de cimes désertes, de fraîches sapi-
nières, de villages candides, fournis de maisons aisées et d'églises peintes.

A Sainte-Marie-Majeure même, outre la
Paroissiale du quinzième siècle construite
sur les ruines d'une chapelle de l'an 1000,
Renzo indiqua la Maison communale, du dix-
septième siècle, et d'autres, environnées de
vergers. Dans la pittoresque couronne de collines, voici Buttogno, patrie des peintres
Peretti, Crana avec ses « horreurs » naturelles, et, à mi-côte, Craveggia d'où l'on

jouit d'un vaste panorama. Là, dans la plaine
à droite du Melezzo, c'est Malesco, prairies et
forêts; plus loin, c'est Villette, ardente et solitaire, accolée à l'éclatante renommée que Re
doit à la miraculeuse « Vierge du Sang » con-
servée dans un grandiose sanctuaire du
quinzième siècle.

A 6 kilomètres de Re, c'est la frontière
italo-suisse, de Centovalli, parcours d'une
téméraire voie ferrée qui traverse de bout en
bout la vallée Vigezzo, conjuguant Domodossola à Locarno.

Si la vallée Vigezzo chante de toutes ses
flûtes pastorales, la Formazza ajoute à sa fraîcheur austère la séduction de ses costumes
paysans. Le tracé initial qui, de Crevola à
Foppiano, prend le nom de vallée Antigorio,
est le plus long. Crevola, à l'embouchure de
la vallée Divedro, à l'endroit même où la
Diveria s'élance, impétueuse, dans une

gorge, s'agrippe sur l'éperon du mont couronné d'une église du quinzième siècle,
gardienne de fresques attribuées à Fermo
Stella.

De là, nous atteindrons Oira, curieux chalets ajourés, Pontemaglio, gagnant les murs
rocheux de la vallée Antigorio par l'arche
hardie d'un pont romain jeté sur la Toce
impétueuse; Rencio, ruines des tours des
Marini, ces bravi ossolano qui avaient planté
là leur nid de rapines; Crodo, veillé d'un
lourd campanile des premiers siècles, église
antischismatique, sur le parvis de laquelle
pleurent les eaux d'une fontaine du quinzième
siècle, maison paroissiale décorée de fresques
quattrocentistes, à côté du « Bovarengo »,
salle de réunion et de justice dont le temps
a dévoré les vénérables peintures.

Au fond de la vallée, close par la hardie
« corne de Cistella », pointe le campanile de

Baceño. Un gigantesque Saint-Christophe est peint sur la façade de l'église. Au confluent de la Toce avec le Devero, ce bourg conserve son importance ecclésiastique séculaire. Une porte et des pans de murs survivent au passé, près le pont sur le Devero. Les constructions voisines offrent de gracieux balcons et de sveltes arceaux enguirlandés de glycine. La Paroissiale Saint-Gaudenzio marque trois époques, du quatorzième au dix-septième siècle : austère dans la nudité sobre de sa façade, incendiée de couleurs dans la vivacité des fresques de ses trois nefs, opulente par ses vitraux historiés, ses stalles chorales de bois entaillé à fers dorés et ses tentures luxueuses.

Ainsi parée, dans une suprême exubérance de prairies, la vallée Antigorio veut dire un adieu à sa sœur la Formazza. Celle-ci grimpe au détroit de la Casse, depuis Fop-

piano, accompagnée par le meuglement de
la Toce étouffée entre des falaises tapissées de
sapins.

A Fondovalle, à 1 200 mètres au-dessus de
la mer, commence la conque verdoyante à
laquelle s'applique plus ordinairement le
nom de Formazza. Sur les rivages étroits sont
éparses les constructions de Chiesa, San
Michele, Valdo, Ponte, Grovella et Canza.
Au-dessus de ces dernières, la Toce disperse
la violence de son lit en une cascade écumante.

Il est difficile d'imaginer beauté plus parfaite, paix plus solennelle que celles de cette
vallée avec le spectacle de ses eaux, de ses
bois, de ses pâturages, *beata riva* d'où le
temps fuit sans fatigue. Logis modestes de
pierres vives et de poutres avec la sobre élégance de sculptures rustiques, les étroites
fenêtres enflammées de géraniums et de giro-

flées, et les curieuses créations des styles paysans; saine population au dialecte plein, de
rauques résonances, vie simple agrémentée
de coutumes caractéristiques ; et sur tout
cela, dans le ciel, la joaillerie des glaciers et
des rocs. Nous nous arrêtons toujours aux
églises : la principale, de Chiesa, celle toute
peinte de Altillone, près d'un étang mélancolique, celle de Ponte, la chapelle de la Cascade avec son autel champêtre de bois taillé.
Toutes ont des charmes.

Surpassant la cascade, dans le cirque de
Riale et de Morasco, recommence une nouvelle exubérance de prairies, émaillées de la
flore éternelle des Alpes, avec d'admirables
panoramas de glaciers et de sommets. Et par
les solitudes azurées des lacs de Kastell, des
Pesei, du Busin, par le passage de Saint-
Jacques, à 2 318 mètres d'altitude, nous
pourrions atteindre par la Mulatière jusqu'à

l'helvétique val Bedretto, au cours supérieur du Tessin.

Dominé par le monstrueux Simplon, le val Divedro est la dernière des combes ossolanes. De Crevola au confluent de la Toce et de la Diveria, d'abord âpre et sauvage, il s'adoucit en formant le cirque de Varzo. De cette importante bourgade industrielle s'en va, gracieuse et amène, la vallée Cairasca avec son vert collier : l'alpe de Veglia, entre la majesté énorme du Monte Leone et les cimes plus grêles du Rebbio, du Boccareccio et du Mottiscia. Au-dessus de Veglia, le miroir du lac d'Avino fait un solitaire colloque avec le ciel. Après Varzo, c'est Iselle, ultime bourg italien, où commence le tunnel qui perce les entrailles du Simplon.

V

Cet endroit réunit en une significative
communion d'efforts et d'anticipations les
quatre chemins que la volonté inflexible des
hommes sut créer pour franchir les monts.
D'abord, l'antique voie romaine dont nous
voyons les cailloux au pont de la Madone,
près Vogogna, et dans les rudes arceaux de
Varzo. Puis, la route napoléonnienne de 1800
à 1805 dont les 63 kilomètres desservent,
à 2 008 mètres d'altitude, l'hôpital des Frères
Augustins de Saint-Bernard. Puis encore,
l'ambitieuse victoire du génie trouant le sol
pour y conduire ses monstres de vapeur. Ce

tunnel mesure 20 kilomètres. C'est le plus long qui existe au monde. Il est armé de deux galeries parallèles, réunies à intervalles réguliers par des passages de service. Projeté depuis 1852, abandonné plusieurs fois, repris en 1898, il ne fut terminé que le 24 février 1905, vainquant laborieusement, mètre par mètre, à travers cent obstacles et mille périls, les résistances coalisées de la nature.

Puis enfin, quatrième et définitive prouesse qui mérite la gloire immortelle, c'est, en 1910, un tout jeune homme de vingt ans, d'une famille péruvienne installée à Paris, Georges Chavez, élève des premiers aviateurs français, qui franchit d'un bond le colosse de neige sur un fragile esquif de toile. Le destin ne permit pas au héros de survivre. Alors qu'il descendait, parti de Brigues, pour toucher terre victorieusement ici, la chute le précipita. Un monument à Domodossola rappelle la mémoire de celui qui traça dans le ciel le premier sillon des ailes humaines.

Réunis autour de ce symbole, nous songeons, nous parlons. J'ai connu Geo Chavez, je le rappelai. Des enfants s'étaient groupés et m'écoutaient. Ces gosses montagnards sont vifs et pétulants comme des chevreaux. Giulio et Renato font des tours pendables à grand'maman, qui les poursuit d'un balai vengeur : « *Male gate !* crie-t-elle, je le dirai au *zio*, le garde champêtre. » D'autres sont laborieux et minables, travaillent comme de petits hommes, aidant au maigre budget de la famille. Voici Beppo qui part pour les champs, portant dans sa hotte sa sœur Peppina. Beppo a onze ans, la fillette trois. Pauvres gosses !

Cecilia les cajole, en m'écoutant. Je l'entends murmurer — l'ai-je bien entendue ? — : « C'est ainsi que j'en aurais, moi, s'il n'était pas mort, lui. » Mais Renzo coupe ma curiosité : « Voyez-vous, Monsieur, la nature, cruelle autant qu'elle est bonne, commence par nous reprendre tout ce qu'elle nous accorde. C'est à nous de savoir le conserver... »

Mars-juillet 1928.

Table des gravures

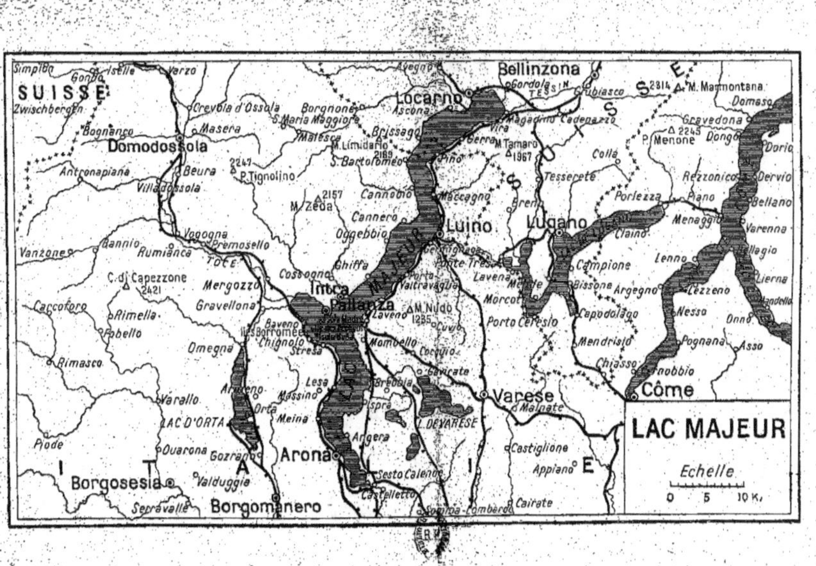

SUISSE
Zwischbergen
Simplon
Gondo
Iselle
Varzo
Crevola d'Ossola
Borgnone
Ascona
Locarno
Bellinzona
Gordola
Gubiasco
M. Mammontana
2814
Domaso
Bognanco
Masera
S.Maria Maggiore
Brissago
Magadino
Cadenazzo
TESSIN
Gravedona
Dongo
Doria
Domodossola
Malesco
M.Limidario
Vira
P.Menone
2245
Antronapiana
Beura
2189
S.Bartolomeo
Gerra
M.Tamaro
Colla
Rezzonico
Dervio
Villadossola
2247
P.Tignolino
Lino
1967
Tesserete
Porlezza
Piano
Bellano
2157
Cannobio
Maccagno
Breno
Menaggio
Varenna
M.Zeda
Cannero
Luino
Lugano
Claino
Vogogna
Oggebbio
Lenno
Bellagio
Vanzone
Bannio
Rumianca
TOCE
Premosello
Campione
Lierna
C.di Capezzone
Cossogno
Ghiffa
Ponte Tresa
Bissone
Argegno
Lezzeno
2421
Mergozzo
Intra
Porto
Lavena
Morcott
Nesso
Onno
Caccoforo
Gravellona
Pallanza
Valtravaglia
Capodolago
Rimella
M.Nudo
Porto Ceresio
Mendrisio
Pognana
Asso
Fobello
Omegna
Baveno
1285
Cuvio
Chiasso
Rimasco
Iles Borromées
Chignolo
Laveno
Cocquio
nobbio
Stresa
Mombello
Côme
Varallo
Arsizio
Lesa
Gairate
Orta
Massino
Brebbia
Varese
LAC D'ORTA
Meina
Ispra
Malnate
Piode
Ouarona
Gozzano
L.DEVARESE
Castiglione
Borgosesia
Valduggia
Angera
Appiano
Serravalle
Borgomanero
Arona
Sesto Calende
Cairate
Castelletto
Somma-Lombardo
LAC MAJEUR
Echelle
0   5   10 K.
ITALIE

Table des matières

Imprimerie J. DUMOULIN, à Paris. — 1203.7.29.